GOLDMANN
ARKANA

Sandra Ingerman

Gut leben in schwieriger Zeit

Schamanische Techniken für
Gesundheit, Wohlstand und Frieden

Aus dem Amerikanischen von Elisabeth Liebl

GOLDMANN
ARKANA

Die amerikanische Originalausgabe erschien 2010
unter dem Titel »How to Thrive in Changing Times. Simple Tools to
Create True Health, Wealth, Peace and Joy for Yourself and the Earth«
bei Red Wheel/Weiser, San Francisco, USA.

FSC

Mix

Produktgruppe aus vorbildlich
bewirtschafteten Wäldern und
anderen kontrollierten Herkünften

Zert.-Nr. SGS-COC-001940
www.fsc.org
© 1996 Forest Stewardship Council

Verlagsgruppe Random House FSC-DEU-0100
Das FSC-zertifizierte Papier *Munken Premium Cream*
für dieses Buch liefert Arctic Paper Munkedals AB, Schweden.

1. Auflage
Deutsche Erstausgabe
© 2010 der deutschsprachigen Ausgabe
Arkana, München
in der Verlagsgruppe Random House GmbH
© 2010 der Originalausgabe Sandra Ingerman
Lektorat: Claudia Göbel
Umschlaggestaltung: UNO Werbeagentur, München
Umschlagmotiv: mauritius images/Simone Fichtl; Fine Pic®, München
Satz: Buch-Werkstatt GmbH, Bad Aibling
Druck und Bindung: GGP Media GmbH, Pößneck
Printed in Germany
978-3-442-33859-7

www.arkana-verlag.de

Widmung

Zu Ehren meiner Eltern – in Liebe für
Lee und Aaron Ingerman

Zu Ehren von Erde, Wasser, Luft, Sonne,
Himmel, Mond und den Sternen
Zu Ehren des Lebens und des Herzschlags,
der uns alle verbindet

Inhalt

Stellen Sie sich vor …

Bevor Sie geboren wurden, waren Sie nichts weiter als ein winziger Funke Licht, der in direkter Verbindung mit der schöpferischen Kraft des Universums stand.

Sie blickten von oben auf diese große Erde herab. Was für ein wunderschöner Planet. Wie viele aufregende Lebensformen es darauf gab. Mit einem Mal fanden Sie die Idee, auf der Erde zu leben, ganz interessant.

Als Mensch sähe ich wunderschöne Farben. Ich würde den unglaublichen Reichtum der Erde genießen. Ich könnte eine ungeheure Bandbreite von Gefühlen erleben: Liebe, Empörung, Freude, Trauer … Was für eine unglaubliche Energie, ein Leben als Mensch auf der Erde zu erfahren und auszudrücken.

Ich würde unfassbare Duft- und Geschmackserlebnisse auskosten und mit ihnen alles, was Erde, Luft, Wasser und Sonne für mich hervorgebracht haben.

Ich hätte einen unglaublichen Körper, der mir die vielfältigsten Empfindungen erlaubt. Ich könnte die wunderbare Erfahrung machen, als geistiges Lichtwesen in einem Körper zu leben. Schönheit würde somit zur greifbaren

Form. Ich wäre von der beispiellosen Freude erfüllt, einen Weg zu gehen, den andere vor mir gegangen sind und wieder andere nach mir gehen werden.

Hier, in der Welt des Geistes, heißt es, dass es für die schöpferische Kraft keine Grenzen gibt und dass ich in einem Universum ohne Begrenzungen lebe. Ich werde auf die Erde kommen, deren Bestimmung es ist, Überfluss hervorzubringen. Es heißt hier, die Menschen hätten vergessen, wie kostbar das Leben ist, und versäumt, den Herausforderungen des Lebens zu begegnen. Es heißt, die Menschen hätten vergessen, dass es ihr und künftig auch mein Schicksal ist, Freude in der Welt der Form zu erleben. Meine Bestimmung liegt darin, die Kluft zwischen dem Leben als unsichtbares geistiges Wesen und dem Leben in einem sichtbaren Körper zu überwinden.

Einen Augenblick lang überlege ich. Dann entscheide ich mich, diese Gelegenheit zu nutzen.

Im selben Moment finde ich mich auch schon im Schoß meiner Mutter wieder. Dort heißt mich das Element Wasser willkommen. Wasser umfängt mich. Es wächst mit mir. Wasser bewahrt mich vor Schaden und wiegt mich in bedingungsloser Liebe.

Als ich bereit bin, diese Welt zu betreten, bricht das Wasser und spült mich in das Licht der Erde. Dort heißt mich die Luft willkommen, sobald ich zum ersten Mal Atem hole. Jeder weitere Atemzug, der mich am Leben erhält, verbindet mich mit dem Element Luft. Und wenn ich diese große Erde verlasse, wird es die Luft sein, die sich als Letztes von mir verabschiedet.

Nun bin ich bereit, die Erde zu begrüßen. Zuerst blicke ich in die Augen meiner Eltern. Haben sie die bedingungslose Liebe vergessen, aus der heraus sie geboren wurden? Das Licht der Freude scheint von Angst verdunkelt zu werden. Ich hoffe sehr, dass ich die Freude nicht vergessen werde. Ist dies die Herausforderung, auf die man mich schon vorbereitet hat? Wissen sie denn nicht mehr um die wahre Macht der Liebe? Haben sie vergessen, dass sie Licht sind, geistiges Licht, dem nichts Übles widerfahren kann? Wissen sie denn nicht mehr um das Geschenk des Lebens? Nun, dies alles werde ich herausfinden.

Ich werde nach Hause kommen, wo ich von Neuem die Schönheit der Erde bewundern kann. So wundervolle Farben. Und so viele unglaublich aufregende Lebensformen. Alles, was ich zum Leben und Glücklichsein brauche, schenkt mir die Erde, wenn ich mich nur daran erinnere, dass ich Liebe bin und ein Wesen aus Licht.

Und die Sonne über uns – was für ein strahlendes Geschöpf sie doch ist! Ich sehe und fühle, wie alles Leben ihre Strahlen in sich aufnimmt, jene Sonnenstrahlen, die allen Lebensformen Energie schenken.

Ich bin so glücklich, hier zu sein. Was für ein unglaubliches Abenteuer, als Mensch auf der Erde zu leben. Bevor ich hierherkam, sagte man mir, das Menschenleben sei eine freudvolle Erfahrung.

Jetzt, in diesem Moment, erinnere ich mich, dass meine Bestimmung die Freude ist. Ich erinnere mich, dass dieser Planet zur Fülle bestimmt ist, denn das Universum ist Energie, und aus dieser Energie kann alles geschaffen werden. Ich muss all das achten, was mir Leben schenkt. Ich werde also weder das Wasser verschmutzen noch die Luft oder die Erde, die mich zusammen erhalten. Alles Leben ist entstanden aus der schöpferischen Kraft der Liebe, also bin auch ich Liebe. Denn dort, wo ich herkomme, hieß es, dass ich nur die Widerspiegelung meines Schöpfers bin. Alles ist möglich. An diese Vision werde ich mich halten.

Wissen Sie um die Kostbarkeit des menschlichen Lebens? Wissen Sie, dass alles Leben nur entstanden ist, damit Liebe, Licht, Freude, Harmonie, Frieden, Gleichheit und Fülle erfahren werden können – von allen? Wenn Sie dies tief in sich spüren, wissen Sie auch, wie wahr diese Aussage ist. Fühlen Sie es nicht, so gibt es dennoch keinen Grund zur Verzweiflung: Ich führe Sie auf den Weg der Erinnerung.

Meine Bestimmung ist es, Freude in der Welt der Form zu leben.

Wir sind eine Gemeinschaft von Menschen, die ihre spirituellen und lichthaften Energien sammeln, um allen Geschöpfen zu helfen, ein wunderbares Leben zu führen. Wir müssen uns nur unserer Vision erinnern und unsere Gedanken auf sie richten, sie gemeinsam festhalten. Auf diese Weise können wir uns auch in schwerer Zeit weiterentwickeln.

Sie wollen wissen, wie dies geht? Lesen Sie weiter. Ich werde es Ihnen zeigen.

Einführung

Als ich noch ein Kind war, wurde meine Vorstellungswelt stark von der Fernsehserie *Raumschiff Enterprise* geprägt, vor allem von einer Folge, die den Titel »Landurlaub« trägt. Die Folge wurde 1966 ausgestrahlt. Darin suchten der erschöpfte Captain Kirk und seine Crew nach einem Planeten, auf dem sie Ferien machen könnten. Und tatsächlich fand sich ein geeigneter Himmelskörper. Ein Teil der Crew sollte feststellen, ob es dort ein hübsches Fleckchen gäbe, und beamte sich hinunter. Der Planet war wirklich wunderschön – mit seiner Natur, den ausgedehnten Wäldern und grünen Wiesen. Der Erkundungstrupp hatte den Eindruck, dass es hier weder Tiere noch Menschen gäbe und man auch auf keine anderen »Probleme« stieße. Es sah ganz so aus, als hätte man endlich einen Planeten gefunden, auf dem Friede, Sonnenschein und gute Luft das Dasein bestimmten.

Damit konnte der Spaß beginnen. Kaum hatte der Schiffsarzt, Dr. McCoy, die Bemerkung gemacht, der Planet sei doch wie direkt aus *Alice im Wunderland* entnommen, erschien ein weißes Kaninchen und auch Alice ließ nicht lange auf sich warten. Dr. McCoy glaubte zuerst an eine Illusion – bis er die riesigen Fußabdrücke des Kaninchens sah.

Jedes Mitglied des Außenteams machte die gleiche Erfahrung: Sie dachten an etwas Bestimmtes – ob Mensch, Tier oder Gegenstand –, und sofort erschien es vor ihren Augen.

Mr Sulu wünschte sich schon lange ein altes Gewehr – und fand eines unter einem Felsen.

Captain Kirk begegnete einer alten Liebe wieder, die er nicht vergessen konnte. Dann erschien ihm ein Witzbold, den er während seiner Zeit an der Sternenakademie kennengelernt hatte, und verwickelte ihn in einen Zweikampf.

Eine der Frauen aus der Gruppe träumte von einem Prinzessinnenkleid mit Hut, nur um diese Sachen wenig später in einem Baum hängen zu sehen. Dann stellte sie sich vor, wie ein schwarzer Ritter sie beschützte, und prompt stand er vor ihr. Einige Stunden zuvor hatte sie von Don Juan geträumt. Auch der war auf dem Plan erschienen.

Mr Spock war an Bord der Enterprise geblieben. Er nutzte seine speziellen Fähigkeiten und stellte bald fest, dass unter der Oberfläche des Planeten erhebliche energetische Aktivitäten zu verzeichnen waren. Also beamte er sich selbst auf den Planeten. Er fand heraus, dass alles, was der Erkundungstrupp erlebt hatte, im

Denken der einzelnen Personen wurzelte. Daraufhin rief Captain Kirk seine Crew über Funk zusammen. Man versammelte sich auf der Waldlichtung, auf die man sich vom Schiff herabgebeamt hatte.

Da erschien plötzlich ein überaus freundlicher Mann mit weißen Haaren und einem langen Gewand. Er stellte sich als Hüter des Planeten vor und entschuldigte sich bei allen. Er meinte, den Bewohnern des Planeten sei nicht klar gewesen, dass die Besucher den Daseinszweck des Planeten nicht kannten.

Dann erklärte er: Unter der Oberfläche des Planeten sorgten fleißige Arbeiter dafür, dass dieser seine Bestimmung erfülle. An diesen Ort komme man, um seine Träume wahr werden zu lassen. Sobald jemand ins Tagträumen verfalle, werde die gigantische unterirdische Fabrik in Gang gesetzt, um eben das Wirklichkeit werden zu lassen, was der Tagtraum beinhalte. Man müsse die Gedanken einfach nur denken: ob alte oder neue Wünsche, was man haben wolle, wovor man sich fürchte, Triumphe, Kämpfe … all das manifestiere sich sofort, ohne Einschränkung durch irgendwelche Werturteile. Egal, wovon man träume, es werde einfach wahr.

Ich war 13 Jahre alt, als ich diese Folge sah, und ich begriff sofort, was der Sinn und Zweck des Planeten Erde war. Denn wie bereits erwähnt sind wir alle letztlich Geistwesen, die auf die Erde gekommen sind, damit der Geist eine Form annehmen kann. Wir sind eine Widerspiegelung unseres Schöpfers, der ganzen schöpferischen Kraft des Universums, und wir sind hier, um mit jedem Gedanken und jedem Wort die Schönheit Form annehmen zu lassen. Unsere Träume, unsere Gedanken werden – bedingungslos – Wirklichkeit, denn aus spiritueller Sicht heißt leben nichts anderes als lernen. Was auch immer in unserem Leben geschieht, es ist zunächst einmal neutral. Weder gut noch böse. Weder richtig noch falsch. Was ist, ist.

Wenn wir hier vom Menschen als einem geistigen und spirituellen Wesen sprechen, dann ist damit jene Dimension des Menschseins gemeint, die über Körper und Verstand hinausgeht und unsichtbar bleibt. Dieser Teil von uns ist so unbeschreiblich und außergewöhnlich, wie es unser Schöpfer ist. Und vieles von unserem Leben wurzelt in dieser Dimension des Unsichtbaren. So sind beispielsweise unsere Gedanken unsichtbar, und doch zeitigen sie konkrete Ergebnisse in der Welt der Form. Wir träumen von einer bestimmten Beziehung und finden dann einen Menschen, der eben diese Art von Beziehung ermöglicht.

Jede spirituelle Tradition geht davon aus, dass alles, was sich auf der Erde zeigt, in der Welt des Unsichtbaren wurzelt. Was sich in der Außenwelt manifestiert, so lehren einige spirituelle Traditionen, spiegelt letztlich nur unser Inneres wider. Wie oben, so unten. Wie innen, so außen.

Ich gebe Workshops, in denen wir uns bemühen, der Verschmutzung unserer irdischen Umwelt entgegenzuwirken. In diesen Workshops lehre ich, dass der Zustand unserer Umwelt letztlich unseren geistigen Zustand widerspiegelt. Wenn wir lernen, unsere schädlichen Gedanken umzuwandeln, wird die Erde uns diese Wandlung spüren lassen. Und ich zeige meinen Schülern, wie das geht. Dies ist eine sehr kraftvolle Art der Arbeit, die ich bereits in meinen beiden Büchern *Heilung für Mutter Erde* und *Die Seele schützen* aufgegriffen habe.

In diesem Buch möchte ich zeigen, wie wir als weltumspannende, globale Gemeinschaft daran arbeiten können, dass diese Welt ein positiver Ort für alles Leben wird. Auch hierbei geht es darum, wie wir unsere innere Landschaft verändern können, um dadurch auf die äußere einzuwirken.

Seit 1982 leite ich Workshops für spirituelle Heilweisen. Ebenso lange arbeite ich mit Klienten. In dieser Zeit wurde mir eines klar: Der Einzelne findet eher Heilung, wenn eine Gemeinschaft sich auf sie konzentriert, als wenn er sie allein mit einem Heiler sucht. Wie oft erlebte ich mit, dass sich dramatische Veränderungen einstellten, sobald eine Gruppe an einem für die Gemeinschaft relevanten Thema arbeitete. Gruppenarbeit ist wirkungsvoller als die Arbeit einer einzelnen Person. Doch ich greife vor, denn ich werde diese Erfahrung in Kapitel 6 näher erläutern.

Ich werde Ihnen zeigen, wie Sie in Ihrem Leben das hervorbringen können, was Sie sich wünschen. Danach können wir als globale Gemeinschaft unsere Energien vereinen, um eine Welt zu schaffen, die von Liebe, Licht, Frieden, Harmonie, Gleichheit und Fülle getragen ist.

Viele Menschen verwenden ihre Zeit heute auf den Weg persönlicher Heilung und Wandlung. Das ist auch gut so. Es ist wichtig, dass wir uns darum bemühen, unser eigenes Leben zu heilen. Schließlich wünschen wir uns nach wie vor, dass unser Leben voller Freude ist. Ich bitte Sie aber, auch darüber nachzudenken, wie Sie Ihre persönliche Arbeit zum Wohl des Lebens im Allgemeinen einsetzen können. Das eine schließt das andere nicht aus, das ist das Schöne daran. Denn es geht hier um eine Beziehung des Ichs zur Welt, die sich nicht in einem »Ich oder die anderen« erschöpft. Wenn Sie sich auf die spirituellen Übungen in diesem Buch einlassen, werden Sie persönlich Heilung erfahren. Und eben diese Erfahrung bringt Heilung für die Welt.

Wir konzentrieren uns darauf, jene innere Wandlung herbeizuführen, die eine echte Veränderung in unserem eigenen Leben und im Leben der Erde bewirkt. Wir lernen, wie wichtig es ist, Verantwortung für die Welt zu übernehmen. Wir werden mit jener Arbeit fortfahren, die wir mit meinen früheren Büchern begonnen haben. Denn die Welt verändert sich, weil wir *sind,* wer wir sind, und nicht weil wir *tun,* was wir tun. Daher werden wir uns darauf konzentrieren, wie wir ein bewusstes Leben führen können, und nicht darauf, was wir tun müssen, um die Welt zu verändern.

Ich bin fest davon überzeugt, dass der Wandel von unserem *Sein* ausgeht, nicht von unserem *Tun.* Doch dazu später mehr.

Wir werden erforschen, wie unsere Gedanken und Worte die Welt prägen, in der wir leben. Wir werden einen Blick auf unsere innersten Glaubenssätze werfen, da sie bestimmen, welche Art von Wandel wir für möglich halten. Und wir werden verschiedene Übungen erlernen, um jene Sätze loszulassen, die uns blockieren und uns den Zugang zu unserer unendlichen Schöpferkraft verwehren. Wir werden auf uralte Prinzipien der Heilung und Neuschöpfung zurückgreifen, damit wir die Erde heilen und eine gute, eine schöne Welt für alles Leben um uns schaffen können. Ich möchte Sie ermutigen, sich selbst als Teil einer globalen Gemeinschaft zu sehen, denn dadurch wird Ihre persönliche Leistung noch verstärkt. Was wir gemeinsam tun, hat mehr Kraft als das, was jeder Einzelne für sich tut. Wir werden lernen, wie wir wachsen und gedeihen können, statt uns aufs bloße Überleben zu konzentrieren.

Sie werden feststellen, dass ich in diesem Buch sehr häufig das Wort »wir« benutze statt dem einfachen

»Sie«. Ich tue dies in voller Absicht. Denn es ist an der Zeit, zum *Wir* zusammenzuwachsen, damit wir als globale Gemeinschaft zur Triebkraft bewussten Wachstums werden können.

Im Jahr 2008 interviewte man mich für den Dokumentarfilm *The Invocation,* der sich mit dem Weltfrieden beschäftigt. Der Regisseur wollte von mir wissen, was die Welt meiner Ansicht nach zur Heilung braucht. Ich antwortete ihm, dass wir uns weg von vertikalen, also hierarchischen Strukturen hin zu horizontalen bewegen müssten. Was wir brauchen, ist das Bewusstsein, dass jeder Mensch auf diesem Planeten seine ganz persönliche Schöpferkraft besitzt und jeder einen Teil des gesamten Puzzles in der Hand hält.

Der Wandel wird letztendlich nicht von einem einzelnen Menschen ausgehen. Niemand wird uns allen diese Aufgabe abnehmen. Die Zeit der Helden und Heldinnen ist vorüber. Nun müssen wir unsere Energie bündeln und als globale Gemeinschaft dafür arbeiten, dass die Welt zu dem Ort wird, an dem wir leben wollen – eine Welt, in der alles Leben seinen Platz hat. Damit unsere Nachkommen diesen wunderbaren Planeten besingen können, den wir ihnen hinterlassen haben.

Wird dies harte Arbeit sein? Oder ist es gar unmöglich?

Nein. Weder das eine noch das andere. Wir müssen

nur lernen, wie wir unser Denken ändern und in der Folge sicherstellen, dass es diese neue Qualität auch behält. Wir brauchen neue Denkmuster, die unsere mutigsten Visionen für diese Welt unterstützen. Wenn wir diese Vision in allem zum Ausdruck bringen – in unseren Worten, Gedanken und natürlich auch in unserem Handeln, dann werden wir sie verwirklichen.

In diesen Tagen verlieren immer mehr Menschen ihren Glauben an unser Weltwirtschaftssystem. Viele denken, es wird zusammenbrechen. Daher suchen sie nach Wegen, sich von ihm abzukoppeln und wieder autark zu leben. Das ist verständlich. Schließlich gab es in den Wirtschaftsnachrichten der letzten Zeit wenig Positives.

Tag für Tag hören wir vom Klimawandel, der uns und unseren Lebensstil noch massiv beeinflussen wird. Auch die Umweltverschmutzung nimmt auf allen Ebenen ständig zu. Und kaum schalten wir den Fernseher ein oder schlagen die Zeitung auf, hören wir von einer neuen Hungersnot. Kinder werden ausgebeutet und missbraucht. Das Wetter ist unberechenbar geworden, so dass die unterschiedlichsten Länder immer öfter von Naturkatastrophen heimgesucht werden.

Wir müssen handeln. Wir wollen, dass die Forschungsarbeiten zu erneuerbaren Energien weitergehen. Wir wollen, dass die Umweltverschmutzung aufhört. Und wir wollen noch viele weitere Wege finden, wie wir durch unser tägliches Handeln die Erde schützen und bewahren können. Wir wollen herausfinden, wie wir für die Kinder dieser Welt eine sichere und ihren Anlagen förderliche Umgebung schaffen können.

Gerade jetzt, da die Wirtschaft auf so wackeligen Beinen steht und unsere Zukunft immer unsicherer erscheint, ist es von entscheidender Bedeutung, dass wir nach Möglichkeiten suchen, unser Leben zu vereinfachen und nicht länger nach immer noch mehr zu streben. Wir brauchen mehr Zeit für uns selbst, um Stress abzubauen, der sonst in Depressionen, Frust oder Zorn mündet und somit schließlich auch unseren Körper schädigt. Es ist wichtig, dass wir Politiker wählen, die für solch einen Wandel eintreten. Ihre Politik sollte unserer Umwelt helfen und die Menschen dieser Welt zusammenbringen, statt sie weiter zu trennen. Wir wollen Politiker, denen das Leben mehr wert ist als Geld.

Gleichzeitig aber müssen wir uns spirituell engagieren, um jenen äußerlichen Wandel herbeizuführen, den wir uns wünschen und der absolut unabdingbar ist. Wir müssen uns in die Lage versetzen, uns eine gute, gesunde, saubere, liebevolle und reiche Welt vorzustellen – für alles Leben auf dieser Erde. In diese Vision sollten wir unsere ganze Vorstellungskraft, unsere Gedanken und unsere Worte investieren.

Es ist an der Zeit, dass wir unsere spirituelle Arbeit

auf die wissenschaftlichen, umwelttechnischen und politischen Veränderungen abstimmen, die sich am Horizont abzeichnen.

Wir erleben einen Wandel des Wetters, weil sich die Jahreszeiten verschieben. Einige dieser Veränderungen sind naturbedingt und wir sind gezwungen, uns ihnen anzupassen. Andere gehen jedoch auf den Menschen zurück, und diesen müssen wir einen Riegel vorschieben. Ich möchte Ihnen auch nahebringen, wie Sie den Unterschied zwischen diesen beiden Formen der Veränderung erkennen: Wo müssen wir uns an die Zyklen der Natur anpassen und wo die Initiative ergreifen?

Gleichzeitig dürfen wir die uralte spirituelle Botschaft nicht vernachlässigen, wonach jede äußere Entwicklung in der spirituellen Welt ihren Ursprung nimmt.

Als ich als Kind die *Raumschiff Enterprise*-Folge sah, glaubte ich, dass irgendeine technische Vorrichtung die Tagträume der Menschen wahr werden ließ. Heute, als Erwachsene, weiß ich, dass die »Untertage-Arbeiter« ein Bild für unser Unbewusstes sind, das unseren Geist den ganzen Tag über mit Gedanken füllt. Wir hängen unseren Träumen nach, und unser Unbewusstes gießt sie alsbald in eine konkrete Form. An dem ganzen Prozess ist so gar nichts Geheimnisvolles.

Kinder erwarten, dass die Erwachsenen in ihrem Umfeld jene Welt für sie schaffen, die sie sich wünschen. Wir aber *sind* die Erwachsenen. Wir müssen unsere kreativen Kräfte wieder in Besitz nehmen und unseren Gedankenstrom bewusst lenken und auf jene Ziele ausrichten lernen, die wir für uns und für die Welt formuliert haben.

Alles, was uns in der konkreten Welt entgegentritt, ist also Ergebnis unseres Denkens und unserer Worte. Was uns geschieht, geschieht durch uns.

Heutzutage ist es relativ leicht, Bücher über positives Denken zu finden, die Ihnen zu erklären versuchen, wie Sie Ihre Wünsche Wirklichkeit werden lassen können. Viele Menschen lesen diese Bücher, probieren die empfohlenen Methoden aus und sind enttäuscht, weil der Erfolg ausbleibt. Dafür gibt es gute Gründe, die ich Ihnen noch näher erläutern werde. Zwei davon aber möchte ich sofort nennen.

Wenn wir etwas Neues schaffen wollen, müssen wir lernen, wie wir neue Denkweisen entwickeln und diese mit unserer Vision in Einklang bringen können. Viele Menschen experimentieren mit der Veränderung ihres Denkens, ohne sich dabei jedoch auf die Kraft der Beständigkeit zu stützen. Der Wandel, den wir anstreben, wird sich nicht einstellen, wenn wir täglich nur ein paar Minuten lang irgendwelche Übungen machen. Es geht hier darum, unser *gesamtes* Denken zu ändern.

Was wir üben, muss uns in Fleisch und Blut übergehen. Wir müssen uns also bewusst vornehmen, mit neuen Wegen des Denkens vertraut zu werden und dabei nicht gleich aufzugeben.

Fakt ist: Was wir glauben, wird Wirklichkeit. Viele von uns aber hegen ein tiefes Misstrauen ihrem eigenen schöpferischen Potenzial gegenüber. Um das sprachliche Bild vom Garten weiterzuspinnen: Diese in unserem Innersten verwurzelten Glaubenssätze werden zur Pflanzenwelt unseres Lebens. Gewöhnlich aber kümmert sich der Gärtner weit mehr um die entwickelten Pflanzen als um die Samen des schöpferischen Potenzials, aus denen Schönheit und Freude erwachsen könnten.

Mit diesem Buch möchte ich Ihnen helfen, jene fest verankerten Glaubenssätze aufzudecken, die Sie daran hindern, die hier vorgestellten schöpferischen Methoden zu nutzen. Außerdem werde ich Ihnen bestimmte Vorschläge machen, wie Sie diese Pflanzen mit ihren langen Wurzeln ausreißen und aus Ihrem Garten verbannen können.

Alles, was sich in unserer äußeren Welt zeigt, kommt aus der inneren Dimension. Schließlich erscheint auch ein Baby nicht so ohne Weiteres auf der Welt. Kein Baum, keine Pflanze entspringt dem Nichts. Alles Leben kommt aus dem Inneren.

Diese innere Landschaft wird häufig von Glaubenssätzen verstellt, die uns einschränken. Wann immer dies geschieht, müssen wir tief graben, um das Fundament dieser Blockaden freizulegen. Danach müssen wir sie ersetzen durch positive Glaubenssätze über unsere Fähigkeiten, unsere Schöpferkraft, unsere Einflussmöglichkeiten. Vor allem müssen wir verstehen, dass viele Menschen mehr bewirken als eine Person für sich. Genau daran werden wir arbeiten.

Ein Beispiel soll Ihnen verdeutlichen, was damit gemeint ist: Stellen Sie sich vor, Sie sind auf einer Versammlung, auf der Menschen gemeinsam beten oder sich anderweitig spirituell betätigen. Ihr Herz öffnet sich in Liebe höheren Zielen.

Dann kommt die Mittagspause.

Jemand klagt über Nackenschmerzen. Ein anderer schimpft über den Zustand der Welt. Plötzlich breitet sich eine Energie aus, die sich auf das konzentriert, was nicht funktioniert, und nicht auf die spirituelle Arbeit. Je mehr Nahrung man dieser Energie gibt, desto stärker wächst sie.

Eben dieser Mechanismus lässt sich auch in unserem Leben ausmachen. Es entwickelt sich das, was wir mit unserer Energie unterstützen. Wenn wir unsere Energie in negative Vorstellungen investieren, wird es ganz sicher zu Problemen kommen. Wenn wir uns auf positive Ergebnisse konzentrieren, erhält diese Energie mehr Raum, um sich zu manifestieren.

Wenn alle Menschen jene Energie, die aus unserem negativen Denken entsteht, in positive Bahnen umlenkten, wäre schnell genug Raum geschaffen für einen Wandel zum Guten. Ich nenne diese kollektive Energie den *Erdheilungsquotienten*. Diese Idee werde ich in Kapitel 1 näher erläutern.

Ich möchte Ihnen mit diesem Buch zu einer realistischen Einschätzung des Weltgeschehens verhelfen. Und ich möchte Ihnen zeigen, wie Sie Ihre Worte, Gedanken und anderen schöpferischen Instrumente so verwenden können, dass sich darin Ihre Vision von der Welt widerspiegelt, in der Sie leben wollen. Diese aufregenden Aussichten brauchen ein Fundament: Wir transformieren jene Gedanken und Worte, die wir den ganzen Tag über benutzen. Als ersten Schritt fassen wir die feste Absicht, Teil dieses unglaublichen Abenteuers zu werden. Wir wollen mit Millionen anderen Menschen zusammenarbeiten, um die Vision einer gesunden, schönen und lebendigen Erde Wirklichkeit werden zu lassen. Seit Tausenden von Jahren begleiten spirituelle Lehrer ihre Schüler auf dem Weg der Wandlung, auf dem sie zu Schöpfern ihrer eigenen Welt werden. Unsere Arbeit schließt nur dort an, wo sie aufgehört haben.

> Richteten wir Menschen die Energie, die wir darauf verwenden, uns über den Zustand der Welt zu beklagen, auf positive Gedanken und Ziele, würde die Welt sich schnell zum Guten verändern.

Möglicherweise sind Sie jetzt ein wenig skeptisch. Ist es denn wirklich so einfach, eine gute Welt zu schaffen? Nur mit unseren Gedanken? Ja, wir können es, wenn wir uns der Vorstellung öffnen, dass wir mehr Fähigkeiten besitzen als jene, die wir als Gemeinschaft im Moment nutzen.

Ja, wir können es, wenn wir uns an den Sinn unseres Lebens auf dieser Erde erinnern. Wir sind hier, weil wir die Erfahrung machen wollen, ein geistiges Wesen in einem Körper zu sein und mit jedem unserer Schritte und jedem Atemzug Schönheit zu schaffen.

Wenn wir die Kraft dazu in uns finden, können wir so viel Gutes tun. Haben wir diese Stärke einmal entdeckt, müssen wir lernen, wie wir unsere Vision bewahren können.

Die Zeit der spirituellen Einheit ist gekommen

Ich bin ein sehr religiöser Mensch. Ich glaube, dass dieser Planet mit seinen wunderbaren Lebensformen von einem Wesen geschaffen wurde, dessen Essenz bedingungslose Liebe ist. Ich nenne dieses Wesen Gott. Und ich glaube, dass ich eine Widerspiegelung Gottes bin.

Ich übe mich seit 1980 in schamanischen Techniken. Ich habe Workshops über schamanisches Reisen und Heilen gehalten. Darin geht es unter anderem darum, die Umweltverschmutzung durch spirituelle Arbeit »umzukehren«.

Im Schamanismus geht man davon aus, dass wir alle uns auf Helfer- und Schutzgeister verlassen können, die als Mittler unseres Schöpfers handeln und uns unterstützen. Diese Schutzgeister empfinden grenzenloses Mitgefühl angesichts unseres Leides und bieten ihre Hilfe freiwillig an. Da sie keinen Körper mehr haben und transzendente Wesen sind, sehen sie das Leben auf der Erde aus einer vorurteilsfreien, nichtdualistischen Perspektive. Sie nehmen das Leben von einem anderen Standpunkt aus wahr. So können sie uns jene Führung angedeihen lassen, die uns unser höchstes Potenzial entfalten lässt. Diese Schutzgeister kennen keine Begrenzungen.

Schamanen glauben, dass alles, was existiert, lebendig und vom Geist erfüllt ist. Die Erde lebt und hat ihren eigenen Geist, genauso wie Bäume, Felsen, Luft, Wasser und Feuer, Sonne und Mond einen haben. Alles, was lebt, ist mit dem Netz des Lebens verbunden. Daher bringt selbst die kleinste Änderung im Bewusstsein es zum Schwingen.

Die Leser meiner Bücher praktizieren die unterschiedlichsten Formen von Spiritualität. Manche kommen aus meditativen Traditionen wie dem Buddhismus, andere sind Christen, Taoisten, Hinduisten oder Atheisten. Sie interessieren sich für Alchemie, die Kabbala und andere Traditionen. Manche Menschen glauben an einen Gott oder eine Göttin, andere nicht. Es gibt so unendlich viele und verschiedene Formen der Spiritualität, die wir leben können. Wir müssen aber jene Form finden, die unsere Seele am stärksten anspricht und von der wir glauben, dass sie unser Leben zum Positiven wandeln kann.

Ich habe rund um diesen Globus Workshops gehalten und auf Konferenzen gesprochen. Dabei habe ich zahlreiche Menschen der unterschiedlichsten spirituellen Traditionen kennengelernt. Es stimmt mich traurig, wenn ich sehe, wie sehr die einzelnen Richtungen oft bestrebt sind, sich voneinander abzugrenzen. Häufig kommt es zu regelrechten Streitgesprächen darüber, welcher Weg nun der bessere ist und welche Methoden am wirkungsvollsten sind. Genau dieses Einteilen schwächt unsere Energie als Kollektiv. Für solche Spielchen haben wir keine Zeit mehr. Denn es ist so weit, dass wir aufstehen und zueinanderstehen müssen in Liebe und Wertschätzung für das Leben als Ganzes. Wenn wir als globale Gemeinschaft all unsere spirituelle Energie bündeln, können wir den heilsamen Wandel herbeiführen. Ohne diese Einheit aber könnten wir diese Chance verpassen.

Wenn Sie bereits einer bestimmten spirituellen Praxis folgen, fühlen Sie sich bei der Lektüre dieses Buches bitte frei, die Übungen darin sprachlich an Ihre eigenen spirituellen Gewohnheiten anzupassen. Wenn Sie keine feste Praxis pflegen, ist alles, was Sie brauchen, ein offenes Herz. Denn die Grundlage jeder spirituellen Arbeit ist letztlich einfach: Heilen kann nur die Liebe.

Schritt für Schritt

In den folgenden Kapiteln werde ich Ihnen Schritt für Schritt zeigen, wie Sie Ihre Art zu denken und zu leben verwandeln können. Ich beschränke mich dabei auf das wirklich Notwendige, denn ich möchte nicht, dass Sie durch zu viele Informationen vom Kern der Vision abgelenkt werden. Ich nenne Ihnen beispielhaft viele Methoden, doch gemeinsam werden wir nur die grundlegenden Prinzipien erarbeiten, die Ihnen helfen, die spirituelle Praxis erfolgreich in Ihrem Leben zu verankern.

Ich empfehle Ihnen, das Buch zunächst einmal im Ganzen durchzulesen, damit Sie eine ungefähre Vorstellung von den Schritten erhalten, die wir uns vorgenommen haben. Erst dann sollten Sie zurückblättern und Kapitel für Kapitel systematisch durcharbeiten.

Wie gesagt ist dies kein Prozess, den Sie einmal durchlaufen, und damit hat sich die Sache. Sie sollten die Übungen, die ich Ihnen hier vorschlage, Tag für

Tag praktizieren, damit Sie sofort gegensteuern können, wenn begrenzende Worte oder Gedanken Sie von der Verwirklichung Ihres vollen Potenzials abhalten oder Ihren Glauben an den Wandel untergraben wollen. Daher kann ich Ihnen auch nicht sagen, wie oft Sie diese Übungen wiederholen sollten oder mit welchem Zeitrahmen Sie rechnen müssen. Es würde nicht funktionieren. Dies ist ein Buch, das Sie auf eine neue Art des Daseins in der Welt vorbereiten möchte und Ihnen Mittel und Wege aufzeigt, wie sich dieser Wandel in Ihrem Leben vollziehen kann.

So weit, so gut. Es kann natürlich sein, dass Sie auf Informationen stoßen, die Sie zwar toll finden, von denen Sie aber nicht wissen, wie Sie sie umsetzen sollen. An diesem Punkt bitte ich Sie um Ihr Vertrauen. Lesen Sie weiter, dann wird Ihnen bald alles klar sein.

Am Ende werde ich Sie schließlich in die Arbeit mit Kindern einführen. Denn unsere Kinder sind unsere Zukunft.

1 ~ Die Grundlagen unserer Arbeit

Unsere Arbeit ruht im Wesentlichen auf zwei Säulen. Zum einen geht es darum, wie unser Denken und die Worte, die wir benutzen, die Welt hervorbringen, in der wir leben. Zum anderen nutzen wir, was uns die Wissenschaft über unsere Denkmuster und die Möglichkeit ihrer Veränderung zu sagen weiß.

Die meisten spirituellen Traditionen kennen das Prinzip »Wie oben, so unten. Wie innen, so außen.« In der Einführung schrieb ich bereits, dass das, was uns in der Außenwelt widerfährt, nur spiegelt, was sich in unserem Innenleben abspielt.

Im Jahr 2007 lernte ich das Werk von Emmet Fox kennen, einem Pionier auf dem Weg des Neuen Denkens, der auch ein großartiger Autor, Lehrer und Heiler war. Er wirkte in der ersten Hälfte des 20. Jahrhunderts. Jede Woche strömten Tausende von Menschen zu seinen Sitzungen, und das über rund 20 Jahre. Seine Vorträge waren eine gelungene Mischung aus dem, was auch andere Traditionen lehren, doch er hatte eine besonders einleuchtende Art, seinen Zuhörern die Bedeutung spiritueller Prinzipien nahezubringen. Aus diesem Grund war er so beliebt. Fox lehrte die Menschen, dass das »Innen« des oben genannten Prinzips sich auf unsere Gedanken bezieht, während mit dem »Außen« die äußere Manifestation unseres Denkens gemeint ist. Wenn ich hier sage, dass alles, was in der äußeren Welt geschieht, seine Wurzeln in den unsichtbaren Reichen hat, dann ist mit dem »Innen« eben jene unsichtbare Energie gemeint, die die Erscheinungen der äußeren Welt schafft.

Für unsere Arbeit bedeutet dies: Nur wenn wir unser Bewusstsein, unser Denken und unsere innere Landschaft an der Vision jener Welt ausrichten, in der wir leben wollen, werden wir die Wandlung erleben – in uns und auf unserer Erde.

Fox schuf den Begriff des »mentalen Äquivalents«. Er bediente sich einer Erklärung aus der Wissenschaft und wandte sie auf seine spirituelle Arbeit an. Dabei bat er seine Zuhörer immer, sich vorzustellen, wie viel elektrische Energie gebraucht werde, um ein Gerät zu betreiben. Dieses Bild formte er dann um: Wie viel Energie ist nötig, um das Wirklichkeit werden zu lassen, was wir uns wahrhaft wünschen? Die meisten von uns können positive Gefühle und Gedanken erzeugen, wenn die Erfahrung in der Gruppe Liebe, Harmonie und Einigkeit schafft. Doch wir müssen weiter mit unseren Gedanken arbeiten. Wir müssen Worte finden, die präzise ausdrücken, was wir in unserem Leben zu erfahren wünschen. Fox sagte: »Es ist unmöglich, an eine Sache zu denken und eine andere zu erschaffen.« Dies ist eines meiner absoluten Lieblingszitate.

Doch ich möchte Sie noch mit einem weiteren Begriff vertraut machen, den ich in der Einführung bereits genannt habe: den *Erdheilungsquotienten.* Dies ist die Menge an Energie, die wir als globale Gemeinschaft aufbringen können, um mit unseren Gedanken und Worten auf dieser Welt einen Wandel zum Guten herbeiführen zu können. Teil dieses Quotienten sind die Elemente Intention, Intensität und Beständigkeit, die wir für unseren Wunsch aufbringen können.

Seit den frühen Neunzigerjahren schreibe ich darüber, wie wir die Energie, die unsere Gedanken speist, daran hindern können, uns selbst, unsere Mitmenschen und unsere Umwelt zu vergiften. Ich weiß noch, wie ich anfing, mit dieser Idee zu arbeiten. Es war im Jahr 1991. Ich fuhr die Straße zu meinem Haus hinunter und dachte an jemanden, auf den ich gerade zornig war. Da hörte ich im Fahren eine Stimme, die mich fragte: »Was hattest du eben für einen Gedanken, und wohin hast du ihn geschickt?«

Ich fühle noch jetzt, wie ich erschrocken auffuhr, weil mir plötzlich bewusst wurde, dass ich einem anderen Menschen gerade negative Energie sandte.

An diesem Tag begann ich, die Energie, die hinter meinen Gedanken steckte, umzuwandeln. Ich wollte sicher sein, dass ich stets die Energie von Licht und Liebe hervorbrachte – für mich selbst, aber auch für andere Menschen und die Welt als Ganzes. Ich wollte nicht zum Anwachsen der Negativität beitragen. Doch wir sollten dies nicht damit verwechseln, dass wir problematische Gefühle unterdrücken. Wenn ich wütend, niedergeschlagen oder frustriert bin, nehme ich dies erst einmal zur Kenntnis. Dann aber arbeite ich daran, die Energie, die hinter diesen Gefühlen steckt, zu verändern. Wir können durchaus problematische Gefühle haben, ohne negative Energie in die Welt zu senden.

Ich erinnere mich gut daran, wie schwierig es zu Anfang war, nicht in alte Denkmuster zu verfallen. Immer wieder riss mich der Mahlstrom in seinen Strudel. Damals verließ ich mich auf meine innere Stimme, die nicht aufhörte zu fragen: »Was war das für ein Gedanke? Und wohin hast du ihn geschickt?« Diese Stimme war es, die mir half, solche Gefühle wahrzunehmen und auszudrücken – statt sie irgendwohin zu senden.

Über dieses Thema schrieb ich zum ersten Mal in meinem Buch *Die Heimkehr der verlorenen Seele.* Letztlich ist es das Thema all meiner Schriften. Dieser Prozess fand seinen vorläufigen Abschluss in dem Buch *Die Seele schützen.* Doch natürlich behielt ich meine Übung bei. Allmählich wurde es auch immer einfacher, die Energie hinter meinen Gedanken umzuwandeln. Heute ist diese Vorgehensweise einfach Teil meines Lebens geworden.

Wenn wir auf unserer Erde leben und gedeihen wollen, müssen wir die Art und Weise grundlegend verändern, wie wir über unser Leben und unsere Welt denken und sprechen. Schließlich wollen wir Teil des Heilungsprozesses sein und nicht weiter die Welt mit Negativität bombardieren. Wünschen wir uns nicht alle dieses Gefühl, dass Liebe in der Luft liegt? Fangen wir also an, aufmerksam zu registrieren, was uns den ganzen Tag über durch den Kopf geht. Welche Energien und welche Erscheinungsformen dieser Energie unterstützen wir mit unseren Gedanken?

Welcher Vision schenken wir unsere Energie?

In der Bibel heißt es, dass jene zugrunde gehen, die keine Vision hegen. Doch wir müssen zuerst erkennen, welche Vision wir nähren. Wie sieht unsere Vision der Welt aus, in der wir leben wollen? Und halten wir auch wirklich an der Vision dessen fest, was wir uns für uns und unsere Nachkommen wünschen? Zuerst müssen wir also die Vision freilegen. Dann können wir auf ihre Umsetzung hinarbeiten. Ich werde sie in späteren Kapiteln mit verschiedenen Grundprinzipien der Schöpfung bekannt machen. Zunächst wollen wir unsere Vision erforschen, damit wir sicherstellen können, dass unsere Gedanken und Worte mit ihr in Einklang stehen.

Wenn wir also der Ansicht sind, unsere Kinder sollten in einer guten Welt aufwachsen, müssen wir unsere Gedanken auf diese Vision ausrichten. Glauben wir aber, dass ohnehin alles schon zu spät und die Menschheit dem Untergang

> Halten wir an der Vision jener Welt fest, die wir für uns und unsere Nachkommen schaffen wollen?

geweiht ist, untergraben wir damit unsere Vision. Wir müssen einen Weg finden, dieses Denken abzustellen, was nicht bedeutet, dass Sie die Augen vor den Fakten verschließen sollen. Ich bitte Sie keineswegs, herumzuspazieren und allen zu erzählen, dass wir in der besten aller Welten leben. Ich möchte Sie nur auf eine wichtige Tatsache hinweisen: Wenn Sie glauben, dass keine Veränderung möglich ist, dass es Ihr Schicksal ist, unter die Räder der Geschichte zu geraten, dann wird genau das auch Wirklichkeit werden.

Ich bitte Sie letztlich nur, an der Vision festzuhalten, die Sie für richtig halten, und dann Begriffe und Gedanken zu finden, die das erwünschte Ergebnis ausdrücken. So könnten Sie sich beispielsweise sagen: »Ja, wir brauchen Veränderung. Und wir haben als globale Gemeinschaft alle Möglichkeiten, diese zu gestalten.«

Oder: »Ich halte für meine Kinder an dieser positiven Vision fest.« Die Neurowissenschaften sagen uns, dass das Gehirn den Unterschied zwischen Absicht und Handlung nicht kennt. Jedes Mal, wenn wir eine bestimmte Absicht fassen, interpretiert unser Gehirn dies als bereits stattgefundene Handlung. Ein kluger Trick, der uns helfen kann, wenn unsere Absichten dem Guten dienen.

Darüber hinaus sollten wir unser Glück nicht auf das gründen, was in der Außenwelt geschieht. Darüber habe ich immer wieder etwas gelernt, wenn ich in die Gesichter von Menschen aus indigenen Kulturen blickte. Viele dieser Menschen besitzen ein inneres Licht, eine Freude in den Augen, nach der wir uns in unseren hochtechnisierten westlichen Kulturen geradezu verzehren. Diese Menschen besitzen nichts, was sie nach westlichen Standards als reich oder erfolgreich erscheinen ließe, ihr Reichtum liegt in ihnen selbst. Sie haben ein reiches Innenleben, und sie sehen mit den Augen des Geistes. Sie gehen weit über ihr Ego hinaus und finden die Quelle der Vollkommenheit in sich.

Dies steht auch uns offen. Wir können eine erweiterte Bewusstheit des Lebens entwickeln und aufhören, es aus unserem engen Blickwinkel zu sehen. Wir müssen nicht glauben, was die Gesellschaft uns als Inbegriff von Erfolg, Freude, Glück und Reichtum vorgaukelt. Auch wir können inneren Reichtum entwickeln.

Wenn wir mit unserer spirituellen Arbeit uns und die Welt um uns herum verändern wollen, müssen wir in uns beginnen. Viel zu viele Menschen konzentrieren sich auf die äußere Welt. Wenn wir uns nur dem zuwenden, was in der Außenwelt geschieht, verläuft unser Leben wie eine Achterbahn: in einem ständigen Auf und Ab. Ein Beispiel:

Jemand sagt Ihnen, Sie sähen gut aus, und Sie freuen sich.

Dann liegt eine Rechnung in der Post, die Sie nicht erwartet haben, und Sie machen sich Sorgen.

Später, an Ihrem Arbeitsplatz, stellt Ihr Chef Ihnen eine Beförderung in Aussicht. Sie finden sich super.

Kurz darauf meint ein Kollege zu Ihnen, dass Sie ganz schön eingebildet geworden sind. Und schon fühlen Sie sich wieder schrecklich.

Zu Hause schalten Sie den Fernseher ein. In der Talkshow wird eine Frau vorgestellt, die Kindern in Afrika hilft. Ihnen wird ganz warm ums Herz.

Kurz darauf folgt ein Bericht über den Untergang eines Öltankers und eine sich ausbreitende Ölpest. Und Sie verlieren jede Hoffnung.

Dieses Jojo-Spiel findet so lange kein Ende, bis wir begreifen, dass unser Glück, unser seelischer Friede und Reichtum, unsere Freude in uns liegen. Haben wir dies einmal verstanden, ist es an der Zeit, unsere Denkprozesse zu verändern.

Wie lange dauert es? Ist es schwierig? – Der Erdheilungsquotient

Zunächst sollten wir wissen, wie unser Gehirn funktioniert und wie es uns bei der Entwicklung neuer Denkmuster hilft.

In den Sechziger- und Siebzigerjahren machte die Wissenschaft bahnbrechende Entdeckungen bei ihrer Forschung über die Arbeitsweise des Gehirns. Vorher ging man davon aus, dass dessen Struktur, einmal entwickelt, im Wesentlichen gleich bleibt. Später fand man heraus, dass das Gehirn seine Struktur verändern kann. Fallen beispielsweise bestimmte Areale aus, können andere diese teilweise in ihrer Funktion ersetzen. Die Tatsache, dass das Gehirn flexibler ist, als man früher dachte, wird als »neuronale Plastizität« bezeichnet.

Die wissenschaftlichen Arbeiten zu diesem Thema sind in der Tat faszinierend. So gibt es Berichte darüber, wie Menschen, die einen Schlaganfall erlitten hatten, wieder gehen und sprechen lernten. Oder wie sich das Gedächtnis verbessern lässt. Letztlich ermöglicht uns dies, an vielen verschiedenen körperlichen und psychischen Problemen zu arbeiten.

Das Phänomen der neuronalen Plastizität ist für unsere Arbeit enorm wichtig. So fand ich in einem Buch von Norman Dodge mit dem Titel *The Brain That Changes Itself* (Das Gehirn, das sich selbst ändert) einen

Vergleich, der dieses Phänomen sehr gut beschreibt. Er stammt von Dr. Alvaro Pascual-Leone: Unsere Denkgewohnheiten schaffen neuronale Pfade im Gehirn ähnlich einem Schlitten, der sich seinen Weg durch den Schnee bahnt. Nehmen Sie mit ihm immer wieder denselben Weg, gräbt sich seine Spur ein. Wenn Sie den Schlitten entsprechend platzieren, folgt er ihr fast wie von selbst und gleitet den Hang hinunter. Wenn Sie wollen, dass er eine andere Richtung nimmt, müssen Sie ihn aufnehmen und anders hinsetzen. So können Sie eine neue Spur legen.

Diese Erkenntnis lässt sich auf unsere spirituelle Arbeit anwenden: Wenn Sie ständig wiederholen, dass es mittlerweile ohnehin zu spät ist und dass sich nichts mehr ändern wird, schaffen Sie so eine neuronale Spur, die Sie mit jedem weiteren derartigen Gedankengang vertiefen. Es wird Sie also eine enorme Anstrengung kosten, eine neue Spur zu schaffen. Aber es ist keineswegs unmöglich. Mit etwas Anstrengung können Sie Ihre alten Gedankenmuster durch neue ersetzen. Veränderung ist machbar. Wenn Sie konsequent alte Gedankenmuster durch neue ersetzen, legen Sie auf diese Weise neue neuronale Pfade – die Ihre Bemühungen, die Welt zu verändern, fördern statt sie zu sabotieren.

Wir benutzen regelmäßig den Begriff »Gedankengang«. Lassen Sie uns doch eine Minute lang überlegen, was er eigentlich bedeutet. Wir müssen den Gang, den unser Gedanke gräbt, beobachten und lernen, seine Richtung zu verändern, indem wir neue Gedanken fassen. Wir müssen lernen, so zu denken, dass unser Gedankengang dorthin führt, wo wir eigentlich hin wollen. Wie alle neuen Projekte erfordert dies eine Menge Aufbauarbeit. Doch wir werden reich belohnt. Wenn wir unsere Denkmuster ändern und neue Perspektiven schaffen, um die Welt so zu gestalten, wie wir sie wünschen, dann legen wir gleichsam neue Wege an. Wir schaffen neue neuronale Pfade im Gehirn, die unser Verhalten ändern werden, worauf die Welt entsprechend reagiert. Und dieser Kreislauf des Lebens geht weiter. Neue Gedanken – neues Verhalten – neue Resultate – neue Gedanken.

> Neue Gedanken –
> neues Verhalten –
> neue Resultate –
> neue Gedanken.

Übung: Der Fluss des Lebens

Die erste Übung wird Ihnen helfen, die Gedankenmuster zu identifizieren, die sich in Ihr Gehirn eingegraben haben. So erforschen Sie, welche Veränderungen Sie vornehmen müssen, um Ihre Vision der Welt umsetzen zu können. Dafür benutze ich das Bild vom Fluss des Lebens.

Wenn wir an einen Fluss denken, stellen wir ihn uns als Wasser vor, das in eine bestimmte Richtung fließt und sich dabei selbst seinen Weg bahnt. Der Fluss des Lebens führt uns zu allerlei Abenteuern. Manchmal ist die Reise beschwerlich und die Wellen schlagen hoch, manchmal gleiten wir ganz ruhig und gemächlich dahin. Wenn wir versuchen, uns gegen die Fließrichtung zu bewegen, verursacht dies enormen Stress. Es erschöpft uns. Beides führt zu körperlichen und seelischen Krankheiten. Der Schlüssel zu Gesundheit und Wohlbefinden ist es, mit dem Fluss des Lebens zu gehen und Änderungen der Strömung gelassen hinzunehmen, ohne dabei das Ziel aus den Augen zu verlieren.

1. Nehmen Sie ein Blatt Papier zur Hand und zeichnen Sie einen Fluss, wie Sie ihn auf Seite 47 sehen. Wenn Sie möchten, können Sie natürlich die Zeichnung im Buch selbst verwenden, aber vermutlich werden Sie diese Übung öfter machen wollen. So erkennen Sie, wie Ihr Fluss sich verändert, während Sie mit diesem Buch arbeiten.

2. Nun entscheiden Sie, welche Richtung Ihr Fluss nehmen soll. Setzen Sie Pfeile ein. Wenn Sie das Gefühl haben, dass Sie im Moment eher gegen die Strömung schwimmen, zeigt Ihr Pfeil mit der Spitze flussaufwärts. Haben Sie das Gefühl, dass der Fluss Sie stetig zu mehr Freude und Befriedigung führt, dann zeigt Ihr Pfeil flussabwärts.

3. In der Folge finden Sie einige Aussagen über den Fluss des Lebens. Sie antworten, indem Sie Pfeile in Ihr Flussdia-

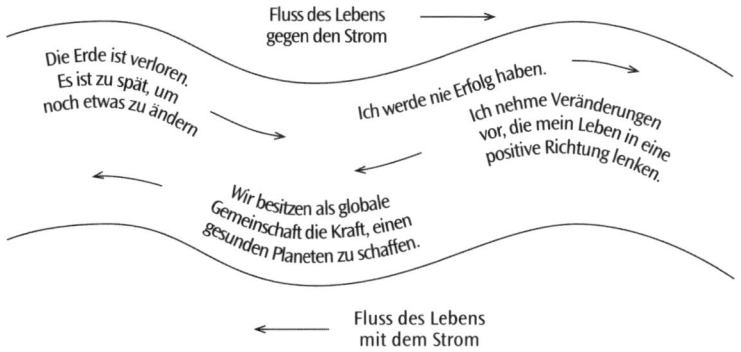

Fluss des Lebens
gegen den Strom

Die Erde ist verloren.
Es ist zu spät, um
noch etwas zu ändern

Ich werde nie Erfolg haben.

Ich nehme Veränderungen
vor, die mein Leben in eine
positive Richtung lenken.

Wir besitzen als globale
Gemeinschaft die Kraft, einen
gesunden Planeten zu schaffen.

Fluss des Lebens
mit dem Strom

gramm zeichnen. Wenn Sie wollen, können Sie dazu verschiedene Farben nehmen. Lassen Sie bei dieser Übung Ihre Fantasie spielen und auch Ihren Sinn für Humor nicht zu kurz kommen. Wenn Sie Ihr Leben mit der Kraft Ihres höchsten Potenzials leben wollen, ist es wichtig, dass Sie über sich selbst lachen können. Wir fangen mit Aussagen zu Ihrer Person an und kommen dann zu Themen, die die Welt als Ganzes betreffen.

4. Persönliche Glaubenssätze

Nehmen wir beispielsweise einen Satz wie: »Was ich auch anpacke, ich werde nie Erfolg haben.« Diese Aussage bremst den Fluss des Lebens. Wenn Sie also feststellen, dass Sie solche und ähnliche Gedanken immer wieder hegen, malen Sie in Ihr Flussdiagramm einen Pfeil, der flussaufwärts zeigt. Löst diese Aussage keine Reaktion in Ihnen aus und Sie verschwenden weder Zeit noch Energie auf solche Gedanken, dann zeigt Ihr Pfeil flussabwärts.

Setzen Sie für jede der unten stehenden Aussagen einen Pfeil in Ihr Flussdiagramm:

Ich erlebe nie etwas Schönes.
Ich werde nie die wahre Liebe finden.
Ich bin es nicht wert, dass mir Gutes widerfährt.
Ich verdiene es nicht, glücklich zu sein.
Ich bin gesundheitlich anfällig und werde es immer sein.
Ich habe es aufgegeben, ein schönes Leben für mich selbst schaffen zu wollen.
Das Leben hat mich betrogen.
Das Leben ist eine einzige Enttäuschung. Ich finde es wirklich sehr hart.
Ich habe zahllose Gebete und positive Affirmationen gesprochen, aber bei mir hilft einfach nichts.
Ich bin ein Opfer der Umstände.

Bevor wir weitergehen, nehmen Sie sich bitte einen Augenblick Zeit, um das Gesamtbild zu betrachten: In welche Richtung zeigen die meisten Ihrer Pfeile? Fließt Ihre Energie also mit dem Strom oder dagegen?

5. Glaubenssätze zum Leben auf unserer Erde:

Die Erde ist verloren. Es ist zu spät, um noch etwas zu ändern.

Es hat immer Kriege gegeben, und es wird sie immer geben.

Die Prophezeiungen, die das Ende der Welt vorhersagen, werden jetzt wahr.

Wir sollten bestraft werden für alles, was wir der Erde angetan haben.

Den Schaden, den wir schon angerichtet haben, können wir nie wieder reparieren.

Alles Leben wird vernichtet.

Es ist hoffnungslos.

Der Mensch verdient es nicht zu leben.

Es wird nie Frieden geben.

Es wird immer Menschen geben, die arm sind und hungern. Auf diese Weise schafft das Universum einen Ausgleich.

Es gibt nicht genügend Ressourcen, damit wir alle leben können.

Es wird immer Ungleichheit auf der Welt geben.

Wir haben nicht die Kraft zu positiven Veränderungen.

Nun lassen Sie erneut die Gesamtheit des Bildes auf sich wirken. Urteilen Sie nicht. Nehmen Sie einfach nur zur Kenntnis, in welche negativen Aussagen Sie Ihre Energie investieren, welche Sie also in Ihrem Glauben an eine positive Veränderung blockieren.

Natürlich können Sie der Liste auch eigene Glaubenssätze hinzufügen, die Sie gerne verändern würden.

Wenn wir also – ohne uns selbst zu verurteilen – lediglich beobachten, welche Gedanken wir tagein, tagaus energetisch aufladen, wird recht schnell deutlich, in welche Resultate wir investieren. Und wir begreifen, was indigene Völker meinen, wenn sie davon sprechen, »die Welt ins Dasein zu träumen«.

6. Nun geht es darum, wie wir diese Gedanken durch positive Einstellungen ersetzen können. Wenn wir unsere Aufmerksamkeit auf diese positiven Aussagen konzentrieren, schaffen wir neue neuronale Pfade im Gehirn. Diese führen wiederum zu Verhaltensänderungen, die das Wirklichkeit werden lassen, was wir uns wünschen. Ein alter Leitsatz spiritueller Entwicklung besagt, dass der Weg das Ziel ist. Und das ist tatsächlich so. In diesem Zusammenhang sollten wir uns allerdings auf beides konzentrieren. Wir wissen nicht, wohin unser Weg uns letztendlich führen wird. Doch wenn wir andererseits nicht sagen, wohin wir wollen, kann es uns passieren, dass wir ziellos durchs Leben treiben.

Hier einige Beispiele für positive Aussagen, mit denen wir unsere negative Einstellung zum Leben auf unserer Erde verändern können:

Wir besitzen als globale Gemeinschaft die Kraft, einen gesunden Planeten zu erschaffen.
Frieden ist möglich. Wir bündeln unsere Kräfte, um alles Leben zu schützen.

Wir befinden uns mitten in einer Phase tiefgreifen-
den Wandels, die uns zu einer gesünderen und ausgeglicheneren Form des Lebens führt. Die Zeit zerstörerischer Verhaltensmuster ist vorüber.
Wir befinden uns in einem Entwicklungs- und Lernprozess. Die schöpferischen Kräfte des Universums
umfangen uns in Liebe.
Während ich lerne, meine negativen Gedanken zu
heilen, gibt mir die Umwelt Gesundheit und Wohlbefinden zurück.
Das Leben wird weitergehen. Hoffnung gibt es
immer. Alles ist möglich.
Wir leben in einer Welt der Fülle, in der genug
für alle da ist. Wir müssen mit unserem Tun nur
Achtung vor dem Leben zeigen.
Ich öffne mich für die Fülle des Universums.
Die Erde nährt uns auf allen Ebenen.
Wir werden auch in Zeiten des Wandels über-
leben.

Anfangs mag es Ihnen ein bisschen komisch vorkom-
men, solche Sätze im Geist zu wiederholen. Vielleicht
empfinden Sie diese neue Art zu denken als zwanghaft
oder unnatürlich. Dies liegt daran, dass sich unsere alten Denkmuster so tief eingegraben haben. Aber sobald Sie aufhören, sich auf das zu konzentrieren, was
nicht funktioniert oder unmöglich ist, werden Sie fest-

stellen, dass in Ihnen Hoffnung aufkeimt, die von nun an Ihre Gedanken begleiten wird.

Wichtig ist, dass Sie Ihre neuen Denkgewohnheiten in einem Zustand der Entspannung entwickeln. Wenn Sie bei positiven Affirmationen die Zähne zusammenbeißen, wird der gewünschte Erfolg ausbleiben.

Schwingung und energetische Frequenz

In diesem Buch ist immer wieder die Rede davon, wie wir die Schwingungs- oder energetische Frequenz des Selbst und des Planeten erhöhen können. Auch diese Zusammenhänge möchte ich Ihnen an dieser Stelle mit einem kleinen Vergleich veranschaulichen. Jeder Mensch kann eine Gitarre nehmen und etwas darauf herumklimpern, auch ohne den Wunsch, eine schöne Melodie zu spielen oder bei den Zuhörern heilsame Gefühle von Frieden und Freude hervorzurufen. Ein Musiker aber weiß, wie er die Energie von Schönheit, Heilung und tiefen Gefühlen bei seinen Hörern erweckt. Ein wirklich guter Musiker erweckt in mir das Gefühl, ein Geschöpf des Lichts und der Liebe zu sein, das Gefühl, dass meine Energie nun auf einer höheren Frequenz schwingt. Dann empfinde ich mich nicht mehr als Geschöpf mit einem festen Körper. Meine Energie schwingt mit der Energie der Musik.

Im nächsten Kapitel geht es darum, wie wir mit dem musikalischen Klang unserer Worte die Schwingung des Planeten verändern können.

Der Zauber des Wortes

Viele spirituelle Traditionen gehen davon aus, dass die Schwingung eines Wortes bestimmte Phänomene ins Leben rufen kann. In der hebräischen Sprache besitzt das Wort selbst schöpferische Kraft. Und auch in vielen anderen Traditionen wird dem Wort die Macht der Schöpfung ebenso zugeschrieben wie die Kraft der Zerstörung.

Vom Sanskrit, der Sprache der altindischen Texte, heißt es, dass jeder Vokal als Schwingung erst einmal zum Himmel aufsteigt, um sich dann auf der Erde als Form zu manifestieren.

Im alten Ägypten war das Aussprechen bestimmter Worte verboten, denn sobald man ein Wort laut sagte, manifestierte sich sein Inhalt in der Welt. Daher benutzte man für manche Phänomene lieber sprachliche Umschreibungen.

Das Aramäische ist eine sehr alte Sprache. Eine von mehreren Theorien besagt, dass sich der im Westen bekannte Zauberspruch Abrakadabra vom aramäischen »Avrah KaDabra« herleitet, was übersetzt nichts anderes bedeutet als: »Ich werde erschaffen, während ich spreche.«

Wenn wir unsere negativen Gedanken umwandeln wollen, ist es von entscheidender Bedeutung, dass wir uns der Worte, die wir benutzen, sowie der ihnen innewohnenden Bedeutung bewusst werden. Ich versuche, all meinen Schülern, die in irgendeiner Weise therapeutisch tätig sind – ob als spirituelle Heiler, Ärzte oder Psychotherapeuten –, nahezubringen, dass jedes Wort buchstäblich ein Samenkorn ist, in dem ein enormes schöpferisches Potenzial ruht. Denken Sie nur einmal daran, was aus einem einzigen Samenkorn alles erwachsen kann. Wenn wir das Wort an andere Menschen richten, legen wir in ihrem Geist unsere Samenkörner aus. Daher müssen wir uns bewusst werden, ob unsere Worte Samen der Liebe, Hoffnung und Inspiration setzen – oder ob wir Furcht säen.

Wenn wir die Macht des Wortes einmal aus dieser Perspektive betrachten, wird schnell klar, wieso man Menschen verfluchen kann. Dies gilt natürlich auch für uns selbst und für unseren Planeten. Andererseits haben wir auch die Macht, mit unseren Worten zu segnen. Wenn wir sagen und denken: »Es gibt keine Hoffnung«, dann ist das ein Fluch. Sagen und denken wir aber: »Alles ist möglich, Heilung steht allen offen«, dann ist dies ein Segen.

Die Navajo kennen einen besonderen Segensspruch: *May you walk in beauty.* – »Mögest du in Schönheit wandeln.« Er bedeutet so viel wie: »Sprich nie auch nur das kleinste Wort, das andere verletzen oder sie in Angst versetzen könnte.« Verfluchen Sie andere Menschen nicht mit Ihren Äußerungen. Segnen Sie sie lieber mit Worten, die Schönheit und Glück in ihr Leben rufen.

Erziehung, Bücher, Film und Fernsehen können dazu beitragen, dass bestimmte Worte sich in unser Unterbewusstes gleichsam eingraben und fast automatisch bei bestimmten Gelegenheiten an die Oberfläche kommen. Dazu gehören Werbe-Jingles, die uns ohrwurmgleich verfolgen, wenn wir ein bestimmtes Produkt auch nur sehen. Stellen Sie sich vor, eine Freundin erzählt Ihnen, sie habe beruflich etwas ganz Neues vor. Wie oft meldet sich in unserem Kopf dann das vertraute »Das funktioniert doch nie!« Möglicherweise wissen Sie gar nicht viel darüber, was Ihre Freundin da vorhat, doch Ihr Unterbewusstsein ist einfach so programmiert, dass Sie alles, was nicht ganz dem Bekannten und Gewohnten entspricht, für Unsinn halten. Bombardieren Sie Ihre Freundin dann mit dementsprechenden Sätzen, rauben Sie ihr die kreative Energie. Manchmal aber legen wir uns auch selbst lahm, wenn wir etwas Neues anpacken wollen, und zwar mit Phrasen wie »Das schaffe ich doch nie« oder »Ich bin ein Idiot, mich auf so etwas einzulassen«. Wir nehmen uns unsere schöpferische Kraft.

Stärken wir unserer Freundin hingegen den Rücken und sagen: »Was für ein tolles Projekt, das du da durchziehst! Das wird bestimmt ein Erfolg!«, dann schenken wir ihrem Traum unsere Energie.

Wagen wir uns als globale Gemeinschaft an Aussagen wie »Gemeinsam können wir die Welt verändern und ein positives Umfeld für alles Leben schaffen«, so nimmt unsere eigene Schöpferkraft grenzenlosen Aufschwung.

Seit jeher fasziniert mich die Kultur der Kelten, die schöne Formen entwickelten, die Kraft inspirierender Worte zu nutzen. Sie benutzten eine Rede, die ihr Gegenüber ermutigte und es an die Schönheit des Lebens erinnerte. Auf diese Weise werden Türen zum Erfolg geöffnet. Hier ein paar Beispiele für diese wunderbaren keltischen Merksätze:

Möge die Kraft der Sonne dich an das schöpferische Licht und das grenzenlose Potenzial in dir erinnern.
Möge die Schönheit des Nachthimmels dich mit Staunen erfüllen.
Mögen die tiefen, stillen Wasser dich mit dem Frieden deiner Seele verbinden.
Möge das Wispern des Windes dir Worte der Freude zutragen.

Segen ruhe auf dir, wenn du dich deiner Stärke,
Schönheit und Lichthaftigkeit erinnerst.
Segen ruhe auf dir, wenn du auf die Reise zu deiner
inneren Wahrheit gehst.
Segen ruhe auf uns als globale Gemeinschaft, wenn
wir uns auf den Weg zu mehr Liebe, Licht, Frieden,
Harmonie, Fülle, Freude und Gleichheit machen.

Haben Sie es bemerkt? Ist Ihnen aufgefallen, wie diese Worte Sie schon beim Lesen mit Wärme erfüllen? Denken Sie darüber nach, wie Sie anderen Ihren Segen zuteilwerden lassen können, wenn sie neue Projekte anpacken und ihr Leben umkrempeln wollen. Sätze wie die eben genannten erfüllen uns mit Inspiration, weil sie uns an die Schönheit und den Zauber des Lebens gemahnen.

Übung: Entdecken Sie, welche Worte Sie in Bezug auf Ihr Leben und die Welt gebrauchen

Hier zum Einstieg ein Beispiel, wie Sie mit der Kraft und Energie von Worten arbeiten können.

1. Suchen Sie sich einen ruhigen Ort bei sich zu Hause oder in der freien Natur. Notieren Sie dann auf einem Blatt Papier all jene Worte, mit denen Sie Ihr Leben und diese Welt beschreiben würden.

2. Sprechen Sie diese Worte laut aus. Spüren Sie die körperliche Empfindung, die jedes Wort in Ihnen hervorruft. Wenn ich Worte wie »Glanz«, »Strahlen« oder »Leuchten« sage, öffnet sich mein Geist. Ich fühle mich inspiriert. Wenn ich ein Wort wie »Hass« ausspreche, zieht sich etwas in meinem Körper zusammen und ein Gefühl von Furcht kommt auf.

Jahre der Übung haben mich dahin gebracht, dass ich langsamer sprechen und daher meine Worte bewusst wählen kann. Ich achte stärker auf die Energie, die ich in meinem Leben und in Gruppen hervorrufe. Tatsächlich spüre ich mit den Worten eine bestimmte Schwingung, die in die Welt hinausgeht. Und ich fühle auch die Schwingung, die zu mir zurückkommt. Mit ein wenig Übung können Sie das auch.

Sobald Sie das Gefühl haben, so weit zu sein, können Sie Ihre eigenen Segenssprüche formulieren, die den Menschen und der Welt helfen.

Unterstützung suchen

In meinem Bemühen, mir meine Gedanken und Worte bewusst zu machen, finde ich Unterstützung bei anderen. Mein Mann und ich machen uns gegenseitig darauf aufmerksam, wenn wir Dinge sagen, mit denen wir unsere Energie schwächen. Dann necken wir uns und bringen uns gegenseitig zum Lachen. Mittlerweile ist dies nicht nur für uns, sondern auch in meinen Workshops zu einem Spiel geworden, denn mittlerweile arbeiten viele Menschen nach den hier beschriebenen Prinzipien. Wenn jemand einen Satz äußert, der negative Energie repräsentiert, rufen alle zusammen: »Ersetz diesen Satz!« Natürlich können Sie dieses Spiel auch in der Familie machen.

Mit meiner Unterstützung treffen sich Menschen in sogenannten Erdheilungsgruppen. Dort arbeiten sie gemeinsam daran, die hier dargestellten Prinzipien umzusetzen. Sie teilen offen ihre Gefühle, was die gemeinsame Arbeit betrifft, sagen klar, wo sie sich überfordert fühlen, und erhalten dann die Unterstützung der Gruppe, damit die Arbeit fortgesetzt werden kann.

Eine andere Möglichkeit ist das Tagebuch. Schreiben Sie auf, welche problematischen Gedanken Sie belasten, und ersetzen Sie sie Zug um Zug durch positive Aussagen, die Inspiration und Vergebung fördern.

Ich möchte Ihnen darüber hinaus vorschlagen, immer wieder die Übung zum Fluss des Lebens zu machen. Ändern Ihre Pfeile vielleicht die Richtung, während Sie die Übungen aus diesem Buch machen?

Die Initiationen des Lebens

Vielleicht haben Sie Ihr Leben gerade gründlich satt, während Sie diese Zeilen lesen. Aus spiritueller Sicht ist dies eine Form der Initiation. Wenn wir vom Leben genug haben, hat unser Ego sich aufgerieben. Wir sind offen für ein neues Selbstbild, das mehr Raum lässt für unsere spirituelle Energie und Schöpferkraft. Unsere egobehaftete Form des Denkens setzt uns häufig Grenzen, so dass alles festgefahren scheint. Doch unser spirituelles Selbst kennt nur die höhere Perspektive und steht allen Möglichkeiten offen. Wenn die Mauern unseres Egos eingestürzt sind, wird unser Blick weiter und wir sehen mehr von uns selbst.

Jede Veränderung im Leben ist ein kleiner Tod, der dem großen Tod am Ende unseres irdischen Daseins vorausgeht. Nehmen Sie klar zur Kenntnis, wie es Ihnen im Moment geht. Wenn Sie müde sind, akzeptieren Sie dies. Sind Sie hoffnungslos, nehmen Sie es zur Kenntnis. Machen Sie sich gleichzeitig klar, dass allein Ihre Offenheit für neue Möglichkeiten eben diese auch herbeiführen wird. Wachstum aber braucht Energie. Überlegen Sie nur einmal, welch schmerzhafte Prozesse ein Kind durchstehen muss, wenn es heranwächst.

> Jede Veränderung im Leben ist ein kleiner Tod, der dem großen Tod am Ende unserer Zeit auf Erden vorausgeht.

Betrachten Sie einen Sämling, der sich zur stattlichen Pflanze auswächst. Wir wollen zu einem neuen Wesen werden. Der Prozess des Wachstums beruht auf jenem des Todes – was nicht bedeutet, dass es jetzt ein für alle Mal um uns geschehen ist.

Die Alchemie ist eine spirituelle Tradition, die uns viele interessante Einblicke beschert hat. Das Wort *Alchemie* leitet sich aus dem Arabischen ab, das den Begriff aus dem Griechischen übernommen hat, und kann auch übersetzt werden mit »sich durch die tiefe Dunkelheit im Innern arbeiten«. Einer der bekanntesten alchemistischen Prozesse ist die Umwandlung von Blei in Gold, also die Umwandlung von lähmenden Seelenzuständen in solche der klaren Lichthaftigkeit. Auf diese Weise legen wir unsere göttliche Natur frei.

Einer der Lehrsätze des Alchemisten lautet: »Der sich selbst genügt, muss sterben, damit das Große Werk vollbracht werden kann.« Dieses »Große Werk« ist jener Prozess, in dem wir uns selbst so weit läutern, dass wir den Zustand des Einsseins, der Göttlichkeit erfahren.

Nach großen Naturkatastrophen wundern sich viele Menschen immer wieder, welchen Überlebenswillen der menschliche Geist an den Tag legen kann. Eben dieser Geist ist es, der Körper und Verstand übersteigt. Unser menschlicher Geist hält die Schlüssel zu unseren unbegrenzten Möglichkeiten in der Hand.

Stellen Sie sich Ihre spirituelle Arbeit vor wie den Bau einer Brücke. Wir schlagen die Brücke zu einer neuen Lebensweise, die Gesundheit und Wohlbefinden für alle ermöglicht. Wenn Sie auf halber Strecke aufgeben, wird die Brücke nicht fertiggestellt. Wenn Sie sie allein errichten wollen, werden Sie schon beim Gedanken an die Dimension dieses Werkes vor Erschöpfung zusammenbrechen. Stellen Sie sich vor, dass Millionen andere Menschen an dieser Brücke zu einem neuen, harmonischeren Lebensstil bauen. Sie sind nicht allein. Immer wenn Sie zu erschöpft sind, treten andere an Ihren Platz. Wenn Sie den Glauben verlieren, wenn Sie das Gefühl haben, vom Weg abgekommen zu sein, stehen Sie auf, klopfen Sie sich den Staub aus dem Gewand, atmen Sie tief durch und machen Sie weiter.

Jede unserer Ideen, Absichten, Vorstellungen, jedes unserer Worte sendet Wellen ins Universum, die alles verändern können. Wir müssen uns einfach nur dessen bewusst sein, was wir mit Worten und Gedanken in Bewegung setzen.

Leroy Moore war ein spiritueller Heiler, der zu Anfang des 20. Jahrhunderts lebte. Er machte tiefe religiöse Erfahrungen. Doch letztlich wissen wir von ihm nur, was er uns in seinem Buch hinterlassen hat: *Simplified Lessons of Life and Health* (Vereinfachte Lehren des Lebens und der Gesundheit). Dieses Buch gelangte in die Hände von Emmet Fox. Während seiner Vorträge in den Dreißigerjahren zitierte Fox immer wieder daraus. Moores Überarbeitung von Jesaia 55, 11 ist es wert, dass wir uns mit ihr beschäftigen, bevor wir uns dem nächsten Kapitel zuwenden: »Jeder liebevolle Gedanke ist Arznei für Körper und Geist. Er erhebt uns in seine Welt. Niemals kehrt er leer zurück. Und stets erfüllt er das beabsichtigte Gute.«

2 ~ Blockierte Kreativität lösen

Wir erschaffen, was wir glauben. Dieser zentrale Satz jeder spirituellen Arbeit wird häufig missverstanden. Mittlerweile gibt es auf dem Markt Hunderte von Büchern darüber, wie wir mit Hilfe unseres Denkens die Resultate erzielen können, die wir uns wünschen. Das Problem dabei ist, dass sich unser Denken auf mehr als einer Ebene abspielt. Da gibt es einmal das bewusste Denken, das wir im Rahmen dieses Programms dazu einsetzen, bewusst ein konkretes Ziel vorzugeben. Damit signalisieren wir klar, was wir in unserem Leben verwirklicht sehen wollen. Doch der weitaus größte Teil unseres Denkens spielt sich unterhalb der Bewusstseinsschwelle ab. Leider »überschreiben« diese unbewussten Denkmuster häufig das, was wir bewusst als Wunsch formuliert haben.

Stellen Sie sich vor, Sie wollen mit Hilfe spiritueller Prinzipien eine positive Beziehung zu einem Partner aufbauen. Sie nehmen sich die Zeit, um all die wunderbaren Qualitäten aufzulisten, die Sie sich bei einem Partner wünschen. Sie befolgen exakt alle Ratschläge, um einen »Seelengefährten« in Ihr Leben zu rufen. Aber nichts scheint zu klappen. Das gewünschte Resultat will sich einfach nicht einstellen. In der Folge sind Sie so enttäuscht, dass Sie jede Form der spirituellen Arbeit aufgeben. Künftig ist so etwas für Sie nur noch Nonsens.

Aber diese Art der Arbeit ist keineswegs unsinnig. Sie haben bei Ihren Bemühungen nur einen wichtigen Aspekt außer Acht gelassen, und genau das hat Ihren Erfolg verhindert. Denn wir können letztlich nur das in unser Leben bringen, was wir tatsächlich glauben.

Wenn Sie als Kind in irgendeiner Form verinnerlicht haben, dass Sie keine Liebe verdienen, dann können Sie alle möglichen »magischen« Prinzipien anwenden. Sie werden trotzdem nur das in Ihr Leben holen, was den Glaubenssätzen in Ihrem tiefsten Innern entspricht. In diesem Fall also: »Ich verdiene es nicht, geliebt zu werden.« Dieser Glaubenssatz ist in Ihrem Unbewussten verankert, und dementsprechend gestaltet sich Ihr Leben.

Rufen Sie sich bitte, wenn dem so ist, den bereits zitierten Grundsatz »Wie innen, so außen« ins Gedächtnis. Fragen Sie sich, was tatsächlich in den Tiefen Ihrer Seele schlummert. Nähren Sie mit Ihren Energien Aussagen, die Sie beflügeln, wie »Ich kann …« oder »Wir gemeinsam können …«? Oder belasten Sie sich mit Gedanken wie »Ich kann nicht …« oder »Wir können nicht …«?

Wenn Ihre Bemühungen, mit Hilfe spiritueller Techniken bestimmte Resultate in Ihrem Leben zu erzielen, bislang keine Frucht getragen haben, dürfen Sie deswegen auf keinen Fall resignieren. Allerdings sollten Sie gleichzeitig daran arbeiten, Ihre tief sitzenden Blockaden aufzulösen, die Sie auf Ihrem Weg behindern. Lernen Sie, solche negativen Glaubenssätze loszulassen. Dann sind Sie frei und können den Weg Ihres Herzens gehen.

Wir sind mit grenzenlosem Potenzial in diese Welt gekommen, doch es liegt einfach in der menschlichen Natur, das eigene Denken auf andere zu projizieren. Eltern, Lehrer und andere Autoritätspersonen projizieren sowohl positive als auch negative Gedanken auf uns. Diese negativen Vorstellungen hindern uns am Wachstum und formen uns nach den herrschenden gesellschaftlichen Vorstellungen. Dabei geht es darum, wie wir mit unserer Art, unser Licht scheinen zu lassen, Teil des großen, facettenreichen Ganzen werden können. Wir sollten uns also unbedingt ansehen, welche Glaubenssätze wir schon in frühester Kindheit gelernt haben. Meine Erfahrung in der Arbeit mit meinen Klienten hat mich gelehrt, dass uns vor allem die frühkindlichen Erfahrungen geprägt haben, die wir machten, bevor wir sprechen konnten.

Natürlich gilt dies auch andersherum. Mit unseren Projektionen unterstützen oder begrenzen wir die

Menschen in unserer Umgebung. Manchmal stilisieren wir Leute, die ihr kreatives Potenzial nutzen, zu übermächtigen Idolen. Oder wir verfallen in Neid und vergleichen, was wir haben und was die anderen besitzen. Manchmal hindern wir einen anderen unabsichtlich am Wachsen, indem wir seine Träume und Ideen in irgendeiner Form schlechtmachen. Auch unser Leiden projizieren wir gerne. Dann haben wir »Mitleid« mit anderen, nur weil wir uns vorstellen, dass sie dasselbe durchmachen wie wir. Es ist also genauso wichtig, dass wir uns bewusst machen, in welcher Weise wir unsere Vorstellungen auf andere projizieren wie umgekehrt.

Der Einfluss der Medien

Wir sollten wissen, dass die Medien heute durch geschickte Werbung allerhand Wünsche in uns wecken. Nicht umsonst geben Unternehmen Millionen dafür aus, Produkte richtig zu platzieren und Bilder zu schaffen, die uns suggerieren, dass wir ganz bestimmte Dinge unbedingt brauchen. Ein simpler Trick ist es beispielsweise, an der Supermarktkasse Süßigkeiten mit hübschen Bildern in der Augenhöhe von Kindern aufzureihen.

Angesichts dieses Werbebombardements ist es kein

Wunder, dass wir allerlei Konsumgüter ansammeln, die nicht unbedingt zu unserem Glück beitragen. Fragen wir uns nicht des Öfteren, warum wir dies oder jenes spezielle Stück gekauft haben? Und wie wir nur so unendlich viel Zeug anhäufen konnten?

Die Medien begrenzen uns also ähnlich wie die Projektionen anderer Menschen. Sie geben uns vor, wie wir aussehen und was wir anziehen, was wir essen und wie wir uns fühlen sollten. Alles konzentriert sich auf äußerlich sichtbaren Besitz, auf äußere Schönheit. Dabei geht das Gefühl für unsere innere Landschaft mehr und mehr verloren. Wir lernen von Kindesbeinen an, uns mit gesellschaftlichen Normen zu identifizieren, die uns vorschreiben, wie wir erfolgreich, gesund und glücklich zu sein haben. Es ist an der Zeit, dass wir den Blick wieder nach innen richten, um herauszufinden, was wir wirklich wollen und was unserer Seele guttut. Wir müssen herausfinden, was wir für unser Wachstum brauchen. Wenn wir Erfolg, Freude und Gesundheit innerlich erleben, erfahren wir sie bald auch außen. Wie ein Baum wachsen auch wir aus Samen. Wir brauchen Wurzeln, bevor wir Äste, Zweige und Blätter ansetzen können.

Übung: Hinderliche Überzeugungen erkennen

Gerade jene Glaubenssätze, die so stark sind, uns am Wachstum zu hindern, treten gewöhnlich nicht unmittelbar zutage. Es ist meist ausgesprochen interessant festzustellen, wo wir uns behindern lassen. Beginnen Sie mit dem Naheliegenden, mit der Zeit werden Sie ohnehin tiefer gehen.

1. Schreiben Sie auf, aus welchen Gründen Sie glauben, kein gutes Leben haben zu können. Hier ein paar Beispiele, die ich immer wieder höre:

   Ich bin wertlos.
   Ich verdiene weder Liebe noch Freude.
   Mir passiert nie etwas Gutes.
   Ich habe keine kreativen Ideen.
   Ich bin nicht klug. Ich bin nicht gebildet genug.
   Ich bin nicht schön.
   Ich habe keine Zeit.
   Ich habe nicht genug Geld.
   Wenn ich erschaffe, was ich mir wünsche, werden rund um mich alle neidisch und mögen mich nicht mehr. Alle werden sich von mir abwenden.
   Wenn ich mein inneres Licht zu hell strahlen lasse, ziehe ich zu viel Aufmerksamkeit auf mich. Ich bin nicht mehr anonym. Ich bin nicht mehr sicher.

2. Nehmen Sie sich nun einen Augenblick Zeit, und schreiben Sie weitere Sätze auf, die Sie sich Ihr ganzes Leben lang eingeflüstert haben. Schreiben Sie einfach auf, was Ihnen in den Sinn kommt.

3. Bestimmte Glaubenssätze erben wir von unserer Familie. Meist sind sie uns nicht bewusst und bremsen uns gleichsam unterirdisch aus. Zum Beispiel: »In meiner Familie bringt es niemand zu etwas.« Achten Sie einmal darauf, welche Sätze Ihre Angehörigen immer wieder äußern. Solche »Mantras« werden leicht zum Familienfluch.

4. Wie ich bereits im Abschnitt über die Macht des Wortes schrieb, gibt es bestimmte hinderliche Phrasen, die automatisch in unserem Kopf auftauchen, sobald wir etwas Neues anfangen. Auch diesen Sätzen sollten Sie so weit wie möglich auf die Spur kommen.

5. Natürlich wollen wir auch herausfinden, was uns daran hindert zu glauben, dass die Erde durchaus gerettet werden kann. In Kapitel 1 finden Sie einige dieser elementaren kollektiven Überzeugungen aufgelistet. Wie wäre es nun, wenn wir diese Glaubenssätze durch die folgenden ersetzen:

Wir als globale Gemeinschaft besitzen die Kraft, einen gesunden Planeten zu erschaffen.
Frieden ist möglich. Wir bündeln unsere Kräfte, um alles Leben zu schützen.
Wir befinden uns mitten in einer Phase tiefgreifen-

den Wandels, die uns zu einer gesünderen und ausgeglicheneren Form des Lebens führt. Die Zeit zerstörerischer Verhaltensmuster ist vorüber.

Wir befinden uns in einem Entwicklungs- und Lernprozess. Die schöpferischen Kräfte des Universums umfangen uns in Liebe.

Während ich lerne, meine negativen Gedanken zu heilen, gibt mir die Umwelt Gesundheit und Wohlbefinden zurück.

Das Leben wird weitergehen. Hoffnung gibt es immer. Alles ist möglich.

Wir leben in einer Welt der Fülle, in der genug für alle da ist, wenn wir mit unserem Tun Achtung vor dem Leben zeigen.

Ich öffne mich für die Fülle des Universums. Die Erde nährt uns auf allen Ebenen.

Wir werden auch in Zeiten des Wandels überleben.

6. Erstellen Sie nun Ihre eigene Liste mit positiven Aussagen, die Ihre negativen Glaubenssätze ersetzen.

Was liegt in Ihrem Unbewussten verborgen?

Im nächsten Schritt gehen wir über das gewöhnliche Denken hinaus. Wir wollen herausfinden, was in unserem Unbewussten verborgen ist und wie dies unsere

Bemühungen sabotiert, gemeinsam mit anderen Menschen am globalen Wandel zu arbeiten.

Zu diesem Zweck müssen wir dem rationalen Denken ausweichen. Wir müssen in Verbindung treten mit unserer intuitiven, übersinnlichen, unsichtbaren Wahrnehmung, die uns enthüllt, was sich in unserer Psyche tatsächlich abspielt. Wir müssen über Ego und Verstand hinausgehen, um Zugang zu unseren spirituellen Fähigkeiten zu erhalten.

Ich habe über viele Jahre zahlreiche Menschen dabei unterstützt, mit ihrer spirituellen Führung in Verbindung zu treten, und meiner Erfahrung nach gibt es unterschiedliche Formen der »Kontaktaufnahme«. Da ist der hellsichtige Typ, der die Botschaft aus seinem Inneren über Bilder empfängt. Andere wiederum sind eher »hellhörig«, sie nehmen ihre Botschaften über eine Stimme auf. Dann gibt es noch den »hellfühligen« Typ, der durch körperliche Empfindungen, das berühmte Bauchgefühl, spirituelle Führung erfährt. Im negativen Sinne nehmen wir auf diese Fähigkeit Bezug, wenn wir sagen: »Das steckt mir immer noch in den Knochen.«

Keiner dieser Wege ist besser oder schlechter als der andere. Es geht einfach nur darum, herauszufinden, wie *Sie* persönlich »ticken«. Wie kommt das Wissen zu Ihnen? Sehen Sie Bilder, hören Sie Worte, oder spüren Sie etwas im Körper?

Im Weiteren werden Sie erfahren, wie Sie Ihren »Übersinn« finden.

Übung: Sich der Intuition öffnen

Leider tritt unser rationaler Geist nicht einfach höflich beiseite. Wir müssen ihn überlisten. Eine gute Möglichkeit dafür ist der Atem. Ob Sie durch Mund oder Nase atmen, ist dabei nicht wichtig – atmen Sie einfach. Über den Atem versorgen Sie Ihren Körper mit Sauerstoff. Dadurch beruhigt sich der Geist. Dann können Sie sich Ihrem intuitiven Wissen öffnen.

1. Stellen Sie sich vor, wie Ihre mentale Energie vom Kopf ins Herz strömt. Legen Sie beide Hände auf Ihr Herz, und atmen Sie tief ein und aus.
2. Lassen Sie den Atem Ihren ganzen Körper ausfüllen. Legen Sie eine Hand auf Ihren Bauch, und spüren Sie, wie der Atem in Ihren Körper fließt. Stellen Sie sich vor, wie Ihre Atemzüge durch Hände und Füße in die Erde fließen.
3. Manchen Menschen gelingt es mit ruhiger Musik eher, in eine spirituelle Erfahrung einzutauchen. Probieren Sie es ruhig einmal aus. Welche Musik unterstützt Sie? Gewöhnlich eignet sich Instrumentalmusik am besten, da Worte uns stärker an das bewusste Denken binden.

Übung: Automatisches Schreiben

Automatisches Schreiben ist ein wunderbares Mittel, um herauszufinden, was sich in Ihrem Unbewussten verbirgt. Bei dieser Übung übernimmt Ihre spirituelle Seite gleichsam die Führung Ihrer Hand.

1. Versetzen Sie sich mit Hilfe der Atemübung »Sich der Intuition öffnen« in einen entspannten Zustand.
2. Nun stellen Sie eine Frage, auf die Sie gerne eine Antwort wissen möchten. Für unsere Zwecke habe ich folgende Frage formuliert: *Welche grundlegende Einstellung blockiert mein kreatives Potenzial?*
   Diese Aufgabe stelle ich meinen Schülern seit zwanzig Jahren. Der Begriff »grundlegend« führt uns zurück in unsere frühkindlichen Jahre, als wir die ersten Blockaden entwickelten. Dabei muss es sich gar nicht um Worte handeln, die wir gehört haben. Gerade als Kind nehmen wir viele nonverbale Zeichen wahr. Beispielsweise geben viele Kinder sich die Schuld an der Scheidung ihrer Eltern. Oder sie interpretieren den Gesichtsausdruck der Eltern falsch und nehmen persönlich, was nicht persönlich gemeint war. Auf diese Weise behindern wir uns ständig selbst.
3. Legen Sie ein Musikstück auf, das Sie beruhigt und Ihnen ein Gefühl der Weite vermittelt.
4. Nehmen Sie Papier und Stift zur Hand. Schreiben Sie Ihre

Frage auf: *Welche grundlegende Einstellung blockiert mein kreatives Potenzial?*

5. Schließen Sie die Augen, und atmen Sie weiter tief ein und aus. Ihr Stift wandert über das Papier. Es ist völlig egal, wie Sie schreiben. Wenn Sie wollen, lassen Sie die Worte diagonal übers Papier laufen. Ihre Hand bewegt sich wie von selbst. Sie halten die Augen geschlossen oder öffnen sie ein klein wenig. Lassen Sie Ihre Hand einfach schreibend über das Papier wandern, ohne darauf zu achten, was da entsteht.

Welche grundlegende Einstellung blockiert mein kreatives Potenzial?

Schreiben Sie so lange, bis Sie das Gefühl haben, »fertig« zu sein. Wenn Sie ins Stocken geraten, wiederholen Sie einfach die Frage, atmen tief ein und aus und warten, was geschieht.

Vermutlich erstaunt Sie das, was da auf dem Papier steht. Das ist beim automatischen Schreiben häufig der Fall. Sie öffnen Ihrem Unbewussten die Tür und überlassen ihm die weiße Fläche des Papiers. Es ist nicht weiter verwunderlich, dass tief verborgene Glaubenssätze uns überraschen.

Übung: Automatisches Zeichnen

Wenn Sie Botschaften Ihrer Intuition eher über Bilder empfangen, liegt Ihnen das Zeichnen vielleicht mehr als das Schreiben.

1. Gehen Sie vor wie in der Übung zum automatischen Schreiben empfohlen. Notieren Sie zuerst Ihre Frage. Nun schließen Sie Ihre Augen halb und erlauben Ihrer Hand, indem Sie sie »loslassen«, Gestalten oder Symbole zu zeichnen.
2. Beobachten Sie, welche Bilder Ihnen »in die Hand« kommen. Steigen Worte in Ihnen auf, die zu den Bildern gehören?

Übung: Automatisches Tanzen

Für die eher Körperorientierten mag es ein Weg sein, spirituelle Botschaften in freien Tanz umzusetzen.

1. Legen Sie Musik auf, die Sie in diesem Moment anspricht. Konzentrieren Sie sich auf Ihre Frage. Dann lassen Sie Ihren Körper mit der Musik mitgehen.
2. Wenn Sie fertig sind, achten Sie darauf, ob sich in Ihnen Worte formen, die zu der Bewegung gehören.

Varianten der Übungen

Ein Spaziergang durch die Natur

Wenn Sie einen Spaziergang machen, nehmen Sie ein Aufnahmegerät mit. Konzentrieren Sie sich auf die Frage, die Sie lösen wollen. Sprechen Sie dann im Gehen alles auf Ihr Gerät, was Ihnen in den Sinn kommt. Man nennt diese Methode auch freies Assoziieren. Dabei lassen Sie Ihren Worten einfach freien Lauf, ohne etwas Bestimmtes sagen zu wollen. Lassen Sie sich von etwaigen Blicken anderer Spaziergänger nicht stören. Sie denken vermutlich, dass Sie ein extrem wichtiges Geschäftsmeeting vorbereiten.

Schreiben Sie eine Geschichte

Behalten Sie die entscheidende Frage im Hinterkopf, und schreiben Sie eine Geschichte über einen Menschen, der durch seine unbewussten Glaubenssätze blockiert ist. Fragen Sie Ihre Figuren nach ihrem Schicksal. Und lassen Sie Ihrer Fantasie freien Lauf.

Geben Sie eine Party

Legen Sie Musik auf, und setzen oder legen Sie sich bequem hin. Lassen Sie Ihre Gedanken frei schweifen. Stellen Sie sich vor, Sie sind auf einer Party. Die anderen Gäste haben ebenfalls Probleme mit ihren grundlegenden Glaubenssätzen. Sprechen Sie mit Ihren Leidensgenossen. Nehmen Sie die Geschichten auf, die man Ihnen erzählt, notieren Sie sich vielleicht sogar ein paar Stichworte dazu.

Der nächste Schritt: Was ist Ihr Herzenswunsch?

Nun machen wir uns auf die Suche nach Ihrem Herzenswunsch, der sich nicht immer mit dem decken muss, was die Gesellschaft Ihnen an Erfolgs- oder Glücksbildern vorgibt.

Depression, Unzufriedenheit und das Gefühl, eingesperrt zu sein, stellen sich immer dann ein, wenn wir uns und unser Leben mit anderen vergleichen. Oft liegen die gesellschaftlichen Vorgaben bezüglich Ruhm, Erfolg und Glück wie Nebel über allem. Wenn Sie ihn sich erst einmal auflösen lassen, bleibt meist eine recht eingängige Erkenntnis übrig: Es sind die einfachen Dinge des Lebens, die uns von innen heraus zum Lächeln bringen. Glücksgefühle entstehen aus dem Augenblick heraus – wenn Sie Kinderlachen lauschen, am Morgen die Vögel pfeifen hören, wenn eine sanfte Brise Ihr Gesicht streichelt oder Sie mit einem Freund ein gutes Gespräch führen.

Lichtet sich der Nebel der kollektiven Glaubenssätze, wird uns klar, dass Freude aus dem Augenblick heraus entsteht. Sobald Sie dies erkannt haben und Ihre Aufmerksamkeit auf das gegenwärtige Erleben konzentrieren können, vergessen Sie auch, Vergleiche anzustellen. Dann beginnen Sie, in der Gegenwart zu leben. Sie entdecken den Ort, an dem heilsame spirituelle Visionen entstehen – den Ort des Friedens und der Stille.

Wählen Sie eine Methode aus, um Ihre grundlegenden Blockaden freizulegen. Dann stellen Sie sich folgende Frage: Wie würde mein Leben aussehen, wenn ich wahrhaft glücklich wäre? Was bedeutet für mich wahres Glück? Mit der von Ihnen gewählten Methode machen Sie sich nun auf die Suche nach Antworten. Wir werden weiter an der Verwirklichung Ihres Herzenswunsches arbeiten. Dazu ist es allerdings wichtig, dass wir entdecken: Einfache Freuden bilden die Grundlage eines sinnvollen Lebens.

Wie Sie für das große Ganze arbeiten können

Wenn wir die Erde heilen wollen, müssen wir in einem ersten Schritt all jene Denkmuster ablegen, die uns davon abhalten, an die Verwirklichung unserer Ziele auch zu glauben. Sonst werden wir uns nie als Teil einer globalen Gemeinschaft erleben, die zum Wohl und zur

Heilung der Welt tätig ist. Vergessen Sie nicht: Was wir heute denken und tun, formt unsere Zukunft.

Nachdem Sie jene Methode ausgewählt haben, die für Sie die besten Resultate bringt, nehmen Sie sich eine neue Frage vor: Wie sieht meine Erfahrung einer gesunden und glücklichen Welt aus? Auch hier beginnen Sie bei einfachen und kleinen Dingen, die einfach ein Lächeln auf Ihr Gesicht zaubern. Ist es vielleicht das Bild eines unberührten Strandes, das für Sie zum Inbegriff einer heilen Welt wird? Stellen Sie sich vor, Sie sehen Walen und Delfinen zu, wie sie durch die Wellen gleiten. Oder ist es das Lachen von Kindern, die von ihren Eltern gesund ernährt werden und in ökologisch vorbildlichen Städten spielen können, in denen sich die Menschen für den Frieden entschieden haben?

Keine Negativaussagen

»Ich werde mich nicht auf mein Gefühl der Wertlosigkeit konzentrieren, während ich an der Heilung unserer Erde arbeite.« In diesem Satz heißt das entscheidende Wort interessanterweise *nicht*. Unser Gehirn kann diese Information nicht verarbeiten und konzentriert sich automatisch auf das, was wir ihm vorbeten: das Gefühl der Wertlosigkeit. Kennen Sie das alte Spiel, bei dem Sie eine Minute lang nicht an einen rosa Elefanten denken sollen? Sobald Sie sich das fest vornehmen, denken Sie nur noch an eines: einen rosaroten Elefanten. Ich werde in Kapitel 4 noch ausführlicher darauf eingehen, doch dieser Grundsatz ist so entscheidend, dass ich ihn schon jetzt ansprechen will.

Rituale zur Befreiung von inneren Blockaden

Bevor wir zum nächsten Schritt übergehen, sollten wir uns bewusst machen, dass unsere negativen Vorstellungen uns jahre- oder gar jahrzehntelang begleitet haben. Sie haben sich zu anhänglichen Gefährten entwickelt, die zwar inzwischen nutzlos für uns geworden sind. Ihre Anwesenheit war uns jedoch stets ein gewisser Trost, schließlich sind sie uns noch nie

Rituale verbinden uns mit der Kraft des Universums.

von der Seite gewichen. Daher müssen wir uns jetzt auch richtig von ihnen verabschieden.

Ich arbeite gern mit Ritualen, um mich von beengenden und hinderlichen Vorstellungen zu lösen. Rituale verbinden uns mit der Kraft des Universums. Sie schaffen ein festes Band zwischen uns und dem Schöpfer, unserer Gottheit, und lassen uns zum Gestalter unseres eigenen Lebens und unserer eigenen Welt werden.

Das Elemente-Ritual

Bei allen Ritualen ist es wichtig, eine klare Intention zu formulieren. Was wollen Sie mit Ihrem Ritual bewirken? Entscheidend ist, dass die Absicht von Herzen kommt. Wenn wir tief in unser Herz hineinatmen und mit unseren Herzenswünschen arbeiten, entsteht dabei automatisch ein Gefühl der Liebe. Wenn Sie ein Ritual ausführen, bleiben Sie also stets achtsam, und konzentrieren Sie sich auf die von Ihnen formulierte Absicht. Sorgen Sie bereits im Vorfeld dafür, dass Sie bei Ihrem Ritual nicht gestört werden.

Bevor Sie anfangen, stellen Sie sich innerlich auf Harmonie ein. Erinnern Sie sich, dass Sie Teil eines liebenden Universums sind. So verschmelzen Sie mit dem großen Ganzen, wie Mystiker aller Zeiten und aller Kulturen es taten, wenn sie Rituale zur Neuschöpfung und Heilung durchführten. Es genügt meist schon, ein paar schöne Lieder zu singen, um diesen Raum der Harmonie zu schaffen. Natürlich sollten wir auch an den Erfolg unseres Rituals glauben. Wenn Sie daran zweifeln, wird auch nichts passieren.

Kinder lieben Rituale. Ihre Verbindung zur eigenen Fantasie ist noch intakt. Sie wissen, wie man einen heiligen Raum schafft. Wenn Sie Kinder haben, binden Sie sie doch einfach ein, wenn Sie ein Heilungsritual für Ihre Familie planen.

Rituale bringen Veränderungen herbei und helfen uns, Blockaden in uns zu lösen. Wie ich in der Einführung schrieb, geht der Schamane davon aus, dass alles belebt ist. Alles hat einen Geist. Erde, Luft, Wasser und Feuer sind lebende Wesen. Sie können uns dabei helfen, uns von unseren negativen Glaubenssätzen zu lösen und all das abzulegen, was uns nicht länger von Nutzen ist. Seit Tausenden von Jahren arbeiten Menschen mit der Natur, um ihr Leben umzugestalten.

Alle Menschen fühlen sich von den Elementen auf unterschiedliche Weise angezogen. Manche fühlen sich am wohlsten mit dem Element Erde, andere finden Trost im Wind. Nicht wenige Menschen haben das Gefühl, im Wasser zu Hause zu sein. Viele von uns lieben das Feuer. Alle Elemente besitzen Eigenschaften, die uns helfen können, schädliche Gedankenmuster in heilsame umzuwandeln. Ich empfehle Ihnen, mit dem Element zu arbeiten, das Sie am meisten anspricht.

Ein Elemente-Ritual muss nicht lange dauern. Entscheidend ist auch hier, dass Sie sich auf Ihre Absicht konzentrieren: jene unbewussten Glaubenssätze und Vorstellungen loszulassen, die Sie daran hindern, Ihr volles spirituelles Potenzial zu nutzen. Es geht nicht darum, dass Sie die problematischen Energien einfach irgendwo abladen. Schließlich wollen wir gemeinsam dem Planeten Heilung zukommen lassen. Wir arbeiten mit den Elementen zusammen, um die Energie unserer Blockaden umzuwandeln in die Kraft von Licht und Liebe, die alle Schöpfung nährt. Wir können die Elemente auch nutzen, um uns von den hinderlichen Sätzen zu befreien, die weder für uns noch für die Welt von Nutzen sind.

Feuer

Feuer wandelt alles um, was es berührt. Für dieses Ritual übertragen Sie jene Vorstellungen, die Sie transformieren wollen, auf ein Objekt. Das kann alles sein, was sich ohne Gefahr verbrennen lässt: ein Stock zum Beispiel oder ein Stück Papier. Um den Stock können Sie Bänder wickeln. Währenddessen wiederholen Sie konzentriert den Glaubenssatz, den Sie ablegen möchten. Spüren Sie, wie dessen Energie durch Ihre Finger in das Band fließt. Wenn Sie Papier als rituelles Objekt benutzen, können Sie zum Beispiel einen Brief schreiben, in dem Sie von Ihrer Bereitschaft berichten, diesen Glaubenssatz aufzugeben. Richten Sie Ihren Brief an Gott, die Göttin oder die Allmacht des Universums. Drücken Sie klar aus, was Sie loslassen wollen. Aber natürlich können Sie auch andere Gegenstände verwenden.

Achten Sie darauf, dass Sie tatsächlich die gesamte Energie Ihrer negativen Vorstellung in Ihr Ritualobjekt fließen lassen. Wie groß das Feuer ist, dem Sie es schließlich überantworten, hat letztlich keine Bedeutung. Es ist schön, wenn Sie ein Feuer im Freien machen können (wobei Vorsicht geboten ist, damit kein Brand entsteht). Sie können Ihr Objekt allerdings auch in einem Grill oder im Wohnzimmerkamin verbrennen. Einen Brief oder eine Zeichnung können Sie auch einer Kerzenflamme übergeben. Wenn Sie ein Feuer oder eine Kerze entzünden, sagen Sie der Flamme, zu welchem Zweck Sie ihre Hilfe benötigen.

Dann treten Sie an das Feuer heran und händigen ihm Ihr Objekt aus. Achten Sie darauf, dass Sie hierbei weder sich noch Ihre Umgebung gefährden. Sehen Sie dem Gegenstand beim Verbrennen zu und spüren Sie, wie Ihre Blockade langsam ihren Griff lockert.

Sie können das Feuerritual allein machen, doch natürlich auch in der Gruppe oder mit der Familie. Bei einem Gruppenritual sollten alle Teilnehmer singen, während die Einzelnen der Reihe nach an das Feuer herantreten, um ihm ihr Objekt zu überantworten. Oder Sie sprechen Affirmationen, mit denen Sie sich gegenseitig unterstützen. Die Unterstützung durch die Familie oder eine andere Gemeinschaft lässt das Ritual noch kraftvoller werden.

Zum Abschluss danken Sie dem Feuer für seine Hilfe.

Luft

Auch das Luft-Element ist beim Lösen alter Blockaden hilfreich. Schreiben Sie ein Lied oder eine Geschichte, und übergeben Sie sie dem Wind, damit er sie davonträgt. Danken Sie dem Wind, weil er das fortnimmt, was Sie nicht mehr brauchen. Danken Sie dem Wind, weil er die Energie der Blockade in Liebe und Licht verwandelt hat, die nun die Erde umfassen können.

Oder Sie kaufen sich ein Röhrchen Pustefix und fabrizieren Seifenblasen. Die durchsichtigen Kugeln umschließen Ihre negativen Glaubenssätze und tragen sie einfach fort. Jede nimmt die Energie mit, die umgewandelt werden muss. Pusten Sie so lange Seifenblasen, bis Sie das Gefühl haben, dass es reicht. Wie Sie sich vorstellen können, ist dies ein besonders spielerischer Weg der Befreiung. Danken Sie am Ende der Luft für ihre Hilfe.

Wasser

Wenn es in Ihrer Umgebung einen See oder Fluss gibt, können Sie auch mit dem Element Wasser arbeiten. Es nährt unseren Körper und berührt mit seiner grenzenlosen Schönheit unsere Seele.

Bauen Sie aus Zweigen und Blättern ein kleines Boot, dem Sie Ihre negativen Glaubenssätze anvertrauen. Lassen Sie das kleine Schiff zu Wasser, danken Sie ihm, und bitten Sie darum, dass die negative Energie in Licht und Liebe für die Erde verwandelt werden möge.

Natürlich können Sie Ihre Blockaden auch in einen Stein blasen. Übergeben Sie ihn dann den Wellen. Sehen Sie zu, wie er versinkt und dabei die Energie der negativen Gedanken umwandelt. Danken Sie dem Wasser für seine Hilfe.

Erde

Was immer Sie in der freien Natur finden, können Sie zu Ihrem Ritualobjekt machen und mit der Energie Ihrer Blockaden aufladen. Am Ende vergraben Sie das Objekt in der Erde. Bitten Sie darum, dass die Erde diese Energie in Liebe und Licht verwandeln möge. Danken Sie der Erde für ihre heilsame Unterstützung.

Dies sind nur einige Vorschläge zur Arbeit mit den Elementen, um Ihre Vorstellungskraft anzuregen. Sie sollen Ihnen helfen, das Ritual zu finden, das für Sie, Ihre Familie oder Ihre Freunde am besten passt. Haben Sie keine Angst davor, etwas falsch zu machen. Das Wichtigste bei einem Ritual ist die vorher formulierte Absicht, die Sie nicht aus den Augen verlieren sollten, und die Kraft der Liebe. Vergessen Sie nicht, dass Sie Ihre Blockaden ablegen wollen, damit Sie selbst und die Erde als Ganzes Heilung finden.

Wenn wir den Naturgeistern in dieser Weise die Ehre erweisen und gleichsam einen heiligen Raum entstehen lassen, antwortet die Natur manchmal mit einem Omen. Sie will uns zeigen, dass unsere Gebete und Wünsche erhört wurden. Vielleicht erhebt sich zum Abschluss Ihrer spirituellen Arbeit eine sanfte Brise. Oder ein Schmetterling fliegt über Sie hinweg, setzt sich gar auf Ihre Hand. Möglicherweise gibt es einen sanften Regenschauer, der Sie segnet. Oder der Himmel reißt auf, und die Sonne zeigt sich in all ihrer Pracht. Auch dies ist ein Zeichen, dass Ihr Wunsch »angekommen« ist. Achten sie also auf die Signale der Natur, nachdem Sie Ihr Ritual abgeschlossen haben.

Selbstverständlich ist ein Ritual dann am kraftvollsten, wenn Sie es tatsächlich durchführen. Sollte dies aus irgendeinem Grund nicht möglich sein, vollziehen Sie das ganze Ritual als Visualisierungsübung. Stellen Sie sich in allen Einzelheiten vor, wie Sie dieses Ritual ausführen. Das ist ein gangbarer Weg für all jene, die nicht in die freie Natur hinauskönnen. Legen Sie sich an einem ruhigen Platz hin, und lassen Sie in sich jene Bilder entstehen, die Sie beim Loslassen Ihrer Blockaden zeigen.

Kinder und Rituale

Für Kinder ist es schön zu erfahren, dass die Elemente der Natur uns dabei helfen, all das abzugeben, was wir nicht mehr wollen oder brauchen. Der Klimawandel bringt Veränderungen mit sich, die sich in zahlreichen Naturkatastrophen wie Erdbeben, Feuern, Wirbelstürmen und so weiter niederschlagen. Unsere Kinder erleben also die zerstörerische Seite der Elemente. Rituale wie die oben beschriebenen machen sie mit dem segensreichen Aspekt der Natur bekannt, so dass sie einen anderen Blick für das Geschehen auf der Erde entwickeln.

Übung: Einen Helfergeist um Unterstützung bitten

Bevor Sie anfangen, die oben beschriebenen Rituale anzuwenden, sollten Sie die vorbereitende Arbeit tun, die im ersten Kapitel beschrieben wird: hinderliche Denkmuster identifizieren. Auch für die nun folgende Übung können Sie ruhige, entspannende Musik auflegen.

In dieser Übung bitten wir darum, dass uns ein Helfer offenbart wird, der negative Gedanken von uns nimmt, damit wir unser höchstes Potenzial umsetzen können. Dieser Helfer kann ein Tier sein, ein Vogel beispielsweise oder ein besonders schönes Insekt, aber auch ein Baum, eine Pflanze, der Wind, das Wasser, die Erde oder die Sonne, ein Gott oder eine Göttin. Auch eine Fee übernimmt gerne die Rolle einer Helferin, ein Weiser oder eine andere Gestalt aus einer religiösen Tradition. Mitunter ist es auch ein verstorbener Verwandter. Es gibt viele Möglichkeiten. Achten Sie vor allem darauf, dass Sie nicht mit einem vorgefassten Bild Ihres möglichen Helfers in die Übung gehen. Konzentrieren Sie sich einfach auf Ihre Absicht, und seien Sie offen für das, was sich zeigen mag.

1. Legen Sie Ihre Musik auf. Suchen Sie sich einen ruhigen Ort, an dem Sie sich bequem hinsetzen oder -legen können. Machen Sie die Atemübung, die ich zu Beginn des Übungsprogramms beschrieben habe. Schließen Sie die Augen. Atmen Sie weiter tief ein und aus.

2. Stellen Sie sich vor, Sie sitzen in einem wunderschönen Garten oder an einem anderen angenehmen Ort in der freien Natur. Formulieren Sie nun Ihre Absicht, und wiederholen Sie diese einige Male.

3. Wer oder was meldet sich jetzt bei Ihnen? Vielleicht sehen Sie das Wesen, das Ihr Helfer sein möchte. Oder Sie spüren es im Körper. Es kann auch sein, dass Sie sozusagen von ihm hören.

4. Nun bitten Sie den Helfer, Ihnen bei der Identifizierung jener grundlegenden Glaubenssätze zu helfen, die Sie daran hindern, Ihr kreatives Potenzial zu leben. Der Helfer ist in der Lage, das zu sehen, was Ihr bewusster Geist vor Ihnen verbergen will.

5. Spüren Sie nun, wie Ihr Helfer Sie von der Energie der Blockade befreit. Lassen Sie alles Vergangene los, was Ihr Wachstum beeinträchtigt. Achten Sie auf Zeichen der Heilung. Hat dieses Wesen vielleicht eine Botschaft für Sie? Oder weiß es gar, durch welche Worte Sie den Gedanken, mit dem Sie sich selbst sabotieren, ersetzen können?

6. Danken Sie dem Helfer für die heilsame Energie, die er Ihnen gebracht hat. Dann stehen Sie auf und verlassen

den Ort in der Natur, um Ihr Bewusstsein wieder in jenen Raum zurückzubringen, in dem sich Ihr Körper befindet.

7. Öffnen Sie die Augen, wenn Sie dazu bereit sind. Vielleicht möchten Sie ein paar Notizen zu Papier bringen, solange die Erfahrung noch frisch ist. Nehmen Sie sich einige Minuten Zeit, um darüber nachzudenken, was in dieser Übung geschehen ist.

Die beschriebenen Übungen helfen uns, einschränkende Vorstellungen abzulegen. Führen Sie sie aus, wann immer Sie auf eine dieser Blockaden stoßen. Wenn wir uns von Glaubenssätzen befreien, die uns nicht länger dienlich sind, öffnet sich der Zugang zu unserer spirituellen Essenz, die nur aus Möglichkeiten besteht. Es gibt keine Grenzen für das, was wir neu schaffen wollen. Gesegnet mit der Kraft dieses spirituellen Wissens können wir jetzt weiter voranschreiten und neue Pfade für unser Leben und unser Gehirn finden, Pfade, die zur Heilung unseres Daseins und unseres Planeten führen.

Nun steht uns der Weg offen zu spirituellen Fähigkeiten, von denen wir vorher nicht einmal zu träumen wagten.

3 ~ Schöpferisch Wirklichkeit entstehen lassen: Nutzen Sie die Kraft Ihrer Gedanken für eine positive Zukunft

In diesem Kapitel werden Sie verschiedene Methoden kennenlernen, mit deren Hilfe Sie Ihr schöpferisches Licht, Ihr kreatives Potenzial erwecken können. Dabei werden neue neuronale Pfade im Gehirn gelegt. Wir stellen neue Verbindungen zwischen den Gehirnzellen her. Diese Wege verlaufen weit abseits von den hinderlichen Glaubenssätzen und eröffnen Ihnen die Macht, für sich und andere eine neue, positive Welt zu schaffen.

Möglicherweise taucht bei Ihnen mit dieser Form der Arbeit das Bedürfnis auf, sich gegen die Medien und deren sensationsgierige, katastrophenlüsterne Berichterstattung abzuschotten. Natürlich müssen wir alle mit der äußeren Welt leben. Wir müssen zur Arbeit oder einkaufen gehen, wir fahren die Kinder zur Schule. Allein dadurch sind wir der Negativität um uns herum ausgesetzt. Doch für den Augenblick möchte ich Sie bitten, den Nachrichtenstrom der Medien zu meiden. Fassen Sie den festen Entschluss, keine Zeitung zu lesen, keine Nachrichtensendung anzuhören oder anzusehen. Dadurch verschaffen Sie sich die Chance, ohne Ablenkung mit diesem Material zu arbeiten.

Die Veränderungen, um die es hier geht, werden sich nicht über Nacht einstellen. Daher ist es von entscheidender Bedeutung, das Tempo aus unserem Alltag zu nehmen und innere Ruhe zu finden.

Wir leben in einer Kultur, die stets auf sofort sichtbare Resultate drängt. Wir nehmen eine Tablette ein und erwarten, dass sie innerhalb weniger Minuten wirkt. Diese Fastfood-Mentalität haben wir auf unser gesamtes Leben ausgedehnt. So habe ich schon viele Menschen kennengelernt, die zum Heilpraktiker gingen, die Behandlung aber nach ein oder zwei Sitzungen abbrachen, weil ihrer Ansicht nach nichts passierte. Es ist nicht sehr realistisch, tiefgreifende Veränderungen von heute auf morgen zu erwarten. Unsere Reise zu Heilung und Neuschöpfung dauert ja nicht nur einen Tag, sondern unser ganzes Leben.

Meist lassen wir uns durch äußere Ereignisse viel zu leicht von unserem inneren Pfad abbringen. Wir nehmen unsere spirituelle Arbeit zum Wohle der Welt auf, dann sehen wir Bilder von hungernden Kindern in Afrika, und schon heißt es: »Das funktioniert nicht.« Diese Art des Denkens trägt nur dazu bei, die Lösung der Probleme zu verzögern. Die Welt befindet sich im Augenblick nicht im Gleichgewicht. Überlegen Sie nur einmal, wie lange dieser Zustand Zeit hatte, sich zu entwickeln. Über Generationen hinweg wurde Erfolg nur am materiellen Reichtum gemessen. Daher kann es auch Generationen dauern, bis die Welt allmählich wieder lebenswert wird.

Eines der Ziele, die dieses Buch sich gesetzt hat, ist die Umwandlung unserer Vorstellungen von Reichtum und Erfüllung. Wir müssen unser Verhalten ändern. Wir müssen lernen, auf diesem unglaublich schönen Planeten so zu leben, dass wir wieder zu einem Teil der Natur werden. Wir sind nicht getrennt von ihr. Und wir sind nicht ihre Herren. Dieser Wandel braucht Zeit. Zeit, um das schöpferische Potenzial freizulegen, das jedem von uns innewohnt, und Zeit, um unsere flüchtige Gedankenwelt so zu verändern, dass sie unsere Ziele unterstützt. Immer wenn wir versuchen, unser Verhalten zu ändern und neue Wege des Denkens und Lebens zu finden, ist Geduld vonnöten. Trotzdem ist es hilfreich, wenn wir uns die Negativmeldungen der Außenwelt zunächst einmal ersparen. Wenn Sie mit diesen Methoden besser vertraut sind, wenn Sie vertrauensvoll daran glauben, endlich Ihre Mitte gefunden zu haben, den Ort der Stabilität und Gelassenheit, dann lassen Sie sich von der äußeren Welt auch nicht mehr zum Negativen hin beeinflussen.

Wenn wir uns zu einer globalen Gemeinschaft zusammenfinden, um gemeinsam unsere spirituelle Arbeit zu tun, werden wir Zeugen der Geburt einer neuen Welt – in uns. Vergessen Sie nicht: Sie sind auf Ihrem Weg nicht allein.

Einige wichtige Grundprinzipien

Zahlreiche spirituelle Traditionen gehen davon aus, dass wir eine Widerspiegelung eines Schöpfers oder der schöpferischen Kräfte des Universums sind. Das bedeutet, auch uns selbst wohnt Schöpferkraft inne.

Dieses wichtige Prinzip wird in unserer Kultur immer wieder in den Hintergrund gedrängt. Schöpferisch sind immer die anderen. Schon in unserer Jugend lernen wir, unsere schöpferische Kraft an Autoritätspersonen zu delegieren. Wir schenken diese Kraft Menschen, von denen wir glauben, sie könnten uns geben, was wir brauchen. Wir sind wie Kinder. Nur dass Kinder tatsächlich von ihren Eltern abhängig sind. Wir aber sind erwachsen und müssen begreifen, dass nur wir selbst eine positive Gegenwart und Zukunft für uns schaffen können. Sie sind der Schöpfer der Welt, in der Sie leben.

Darüber hinaus untergraben wir unsere schöpferischen Möglichkeiten, indem wir uns und unser Potenzial ständig mit anderen vergleichen. Wir denken:

»Andere mögen ja die Kraft haben zu erschaffen, was sie sich wünschen, aber auf mich trifft das ganz bestimmt nicht zu.« Diese Fallstricke im Denken müssen wir meiden, wenn wir als globale Gemeinschaft an der Heilung der Erde mitwirken wollen.

Wenn wir auf dem Weg der Wandlung fortschreiten wollen, brauchen wir Partner, die unsere kollektive Kraft vermehren, die fähig sind, mit uns Seite an Seite zu stehen. Aus eben diesem Grund versuche ich so eindringlich, Ihnen zu erklären, dass Vorstellungen wie »Ich kann das nicht« Sie nur behindern und daher über Bord geworfen werden sollten. Sie sind Teil einer Bewegung, die durchaus in der Lage ist, die schöpferische Energie aufzubringen, um die Erde zu heilen. Setzen Sie das ewige »Ich kann das nicht!« einfach vor die Tür. Dann werden Sie ganz von selbst feststellen, dass »Sie das können« wie auch »wir es können«.

In unserer Kultur halten es alle für selbstverständlich, dass es Menschen mit viel und Menschen mit wenig Besitz gibt. Einige glauben sogar, dass nur so das Gleichgewicht im Universum gewahrt werden kann. Doch alles, was in der äußeren Welt existiert, entstand aus der Leere, aus dem Nichts. Einige spirituelle Traditionen beschreiben diesen Ort als »leer« und gleichzeitig als »Fülle«. An diesem Ort absoluter Dunkelheit gibt es

Es ist an der Zeit, dass wir begreifen: Fülle und Überfluss sind für alle möglich.

nur reine, noch gestaltlose Energie. Dort hat alles seinen Ursprung. In dieser Leere lässt sich alles erschaffen. Dort herrscht schlichtweg kein Mangel. Wenn wir schöpferisch tätig sein wollen, müssen wir als Erstes unseren Glauben an ein begrenztes Universum aufgeben. Der Mangel ist ein vom Menschen erfundenes Konzept. Arbeiten Sie an dieser Idee mit einem der zuvor beschriebenen Rituale zum Loslassen. Es ist an der Zeit, dass wir begreifen: Fülle und Überfluss sind für alle möglich.

Übung: Wie viel Liebe steckt in der Schöpfung?

Vergessen Sie nicht: Gott, die Göttin, der Schöpfer, die schöpferische Kraft des Universums – was auch immer Sie für richtig halten – erschufen die Erde und das Leben auf ihr aus Liebe. In meinem Buch *Heilung für Mutter Erde* schlage ich der Leserin, dem Leser vor, eine eigene Schöpfungsgeschichte zu schreiben, um zu begreifen, wie diese Erde eigentlich entstand. Mittlerweile habe ich zu diesem Thema eine neue Übung entwickelt: Machen Sie sich klar, wie viel Liebe in die Erschaffung des Universums einfloss.

Die meisten Menschen, die diese Übung in meinen Workshops machen, berichten danach, die Erfahrung dieser grenzenlosen Liebe habe ihr Leben verändert. Vor allem für Menschen, die in ihrem Leben körperlichen oder seelischen Missbrauch erlebt haben, ist dies eine sehr gute Übung.

Dave aus Irland schrieb die folgende Geschichte und gab mir die Erlaubnis, sie hier mit Ihnen zu teilen:

Am Anfang war da ein leichter Wind – warme, tänzerische, spielerische Bewegung, die neugierig herumsuchte. Dann kam Wärme auf, die sich zur Hitze steigerte und ... Musik. Beruhigende, bewegende, lächelnde Musik, die die Kraft zur Wandlung besaß. Der Wind fühlte sich allein. Er liebte sich und konnte alles erschaffen. Er hatte nur einen Wunsch: Er wollte fühlen und gefühlt werden. So wurde er ein Wispern in der Nacht, ein leises Rauschen, das ein Echo hervorbrachte, eine Schwingung wie Atmen. Und diese begann sich zu formen, mit sich in Aktion zu treten, Beziehungen herzustellen, sich zu verschlingen. Nun war die Absicht eine andere geworden: Er wollte sprechen und gehört werden. Aus dem Wispern wurde ein Same, der barst, so viel Potenzial barg er in sich ... ein Same, der alles hervorbringen, alles werden konnte. Und der Same hatte nur eine Absicht: Er wollte wachsen und zu etwas werden.

Dieser Same wurde ich. In mir ist das Wispern immer noch lebendig. Es bewegt sich und ruft ein Echo hervor. Wir haben nur eine Absicht: Wir wollen lieben und geliebt werden.

Denken Sie über Daves Geschichte nach. Regt sie Ihre Fantasie an? Dann schreiben Sie Ihre Geschichte, die ausdrückt, wie viel Liebe in der Schöpfung steckt.

1. Wir arbeiten mit der Übung zum automatischen Schreiben, Zeichnen oder Tanzen, die wir in Kapitel 1 kennengelernt haben.
2. Konzentrieren Sie sich auf folgende Themen:

Wer ist mein Schöpfer?
Wie brachte er oder sie die Welt und alles Leben hervor?
Zeige mir, wie viel Liebe in meine Schöpfung einfloss.

Liebe heilt alle Wunden. Auf der gedanklichen Ebene wissen wir das wohl alle. Doch es ist ein Unterschied, ob Sie *wissen,* dass Sie vom Schöpfer, der Erde und der Natur geliebt werden, oder ob Sie diese Liebe in Ihrem ganzen Körper bis in die letzte Zelle hinein *spüren.*

Die heilende Kraft des Lebens wird fühlbar, wenn Sie in einen tranceähnlichen Zustand sinken. Die meisten Menschen gehen gerne in Trance. Meiner Ansicht nach liegt dies daran, dass wir in diesem Zustand unseren Verstand zum Schweigen bringen und stärker in unseren Körper eintauchen. Auf dieser Ebene kommt es zu echter Heilung. Wenn wir spüren können, wie sehr wir geliebt werden, erfahren wir auf einer sehr persönlichen Ebene Heilung und geben diese an die Erde weiter.

Übung: Spüren Sie die Liebe, die in Ihrer Schöpfung steckt

Sie haben nun erkannt, wie viel Liebe es zu Ihrer Schöpfung gebraucht hat. Nun geht es darum, diese Liebe im Körper zu spüren.

1. Tauchen Sie mit einer der bereits beschriebenen Methoden in einen Zustand der Entspannung ein.
2. Halten Sie die Augen geschlossen, und atmen Sie tief. Formulieren Sie Ihre Absicht: Sie möchten jene Liebe, die in Ihre Schöpfung einfloss, voll in Ihrem Körper spüren.
3. Atmen Sie tief ein und aus. Lassen Sie zu, dass das Gefühl der unbedingten Liebe Ihres Schöpfers sich in Ihrem Körper ausbreitet.
4. Nehmen Sie diese Liebe vollkommen in sich auf.

Wenn Sie also beginnen, sich mit dem Thema »Neuschöpfung«, dem eigentlichen Thema dieses Kapitels, auseinanderzusetzen, tun Sie dies ausgehend von eben jener bedingungslosen Liebe.

Viele Menschen wurden mit der Vorstellung eines

strafenden Gottes groß, daher schreiben wir auch diese Energie der Strafe ständig fort. Dies vermehrt aber nur unser Gefühl der Wertlosigkeit. Wir glauben, nicht zu verdienen, was wir an Gutem erfahren. Es ist von entscheidender Bedeutung, dass Sie lernen, sich von diesem Gefühl zu verabschieden. Sie verdienen ein Leben voller Glück und Freude. Lassen Sie den strafenden Gott los.

Nehmen Sie das Geschenk Ihrer schöpferischen Arbeit an

Das Gefühl, nichts wert zu sein, ist beileibe nicht das einzige, was uns davon abhält, jene Geschenke zu empfangen, die der Schöpfer und das Universum für uns bereithalten.

Ich habe mich immer schon gefragt, weshalb die Göttin in den verschiedensten Kulturkreisen ähnlich dargestellt wird: mit zum Himmel erhobenen Händen und weit geöffneten Handflächen. Wir aber verschließen uns oft den Geschenken des Himmels. Natürlich können Sie jederzeit Rituale durchführen, die das grenzenlose Potenzial des Himmels für Sie öffnen sollen. Wenn Sie aber wollen, dass diese Rituale auch Wirkung zeigen, müssen Sie sich selbst für das Gute öffnen, das Sie mit Ihrer spirituellen Arbeit erschaffen.

Sie müssen sich folglich von Vorstellungen verabschieden, die Sie daran hindern, die Früchte Ihrer Arbeit zu empfangen. So können Sie beispielsweise folgende Sätze sprechen: »Ich sage Dank für alle Geschenke, die ich jetzt erhalte, und ich öffne mich für die Früchte meiner schöpferischen Arbeit.«

Übung: Ziehen Sie an, was Sie sich wünschen – mit geeigneten Magneten

Nun haben Sie zwar die Erfahrung gemacht, dass das Äußere in den inneren Reichen entsteht, doch Sie wissen immer noch nicht, wie man diese Schöpfung konkret in die Wirklichkeit »herüberzieht«. Mit der folgenden Übung können Sie ein ganz klares Gefühl dafür entwickeln, wie es ist, etwas buchstäblich »anzuziehen«.

1. Besorgen Sie sich einen Magneten und eine Stecknadel. Ich benutze für diese Übung immer einen vergleichsweise starken Kühlschrankmagneten.
2. Nehmen Sie die Stecknadel zur Hand, und bringen Sie sie langsam an den Magneten und dessen Feld heran. Spüren Sie die Anziehungskraft zwischen Nadel und Magnet.
3. Wiederholen Sie dies einige Tage lang mehrmals täglich, um eine klare (körperliche) Empfindung dieser Anziehungskraft zu entwickeln.

4. Welches Gefühl brauchen Sie also im Körper, um das anziehen zu können, was Sie in Ihrem Leben Wirklichkeit werden lassen wollen?

Übung: Vorbereitung der inneren Landschaft

Unsere innere Landschaft ist im Wesentlichen ein formloser Bereich – ihm sind keinerlei Grenzen eingeschrieben. Da alles Existierende in dieser inneren Landschaft seinen Anfang nimmt, sollten wir entsprechende Vorbereitungen treffen: Wir bearbeiten die Erde in unserem Inneren und säen robuste Samen der Schöpfung.

1. Stellen Sie sich Ihren Körper als einen Platz auf dieser Erde vor: Ihr Körper ist ein Garten.
2. Richten Sie Ihr Augenmerk auf den Boden. Was braucht er? Mehr Wasser? Oder ein wenig Kompost? Muss er vielleicht gelockert werden? Oder braucht Ihr Garten vielleicht mehr Licht?
3. Geben Sie dem Boden, was er braucht – Wasser, Dünger – alles, was die Samen Ihrer Schöpfung zum Aufgehen benötigen.
4. Besuchen Sie Ihren inneren Garten immer wieder. Kümmern Sie sich fleißig darum. Achten Sie darauf, dass Ihre Worte und Gedanken Ihren Garten mit Nährstoffen versorgen, genauso wie alles, was Sie von anderen aufnehmen.

In Samenkörnern steckt so viel Potenzial, dass sie bersten. Sie können sich zu allem Erdenklichen entwickeln. Die gleiche gestaltlose Energie, welche die Leere prägt, steckt auch in jedem Samenkorn. Daher hat ein jedes eine enorme Lebenskraft. Wir wollen sicherstellen, dass unser innerer Garten bereit für unsere Samenkörner ist.

Übung: Pflanzen Sie Ihren Herzenswunsch

Wie ich bereits erwähnt habe, gibt es einen Spruch in der Bibel, der besagt, dass ein Mensch ohne Vision zum Untergang verurteilt ist. Dies ist eine ausgesprochen klare Botschaft. Sehr häufig sagen wir zwar, dass wir den Wandel wollen. Wir reden immer wieder davon, dass wir ein anderes Leben, eine andere Welt wollen. Doch solange wir uns nicht Rechenschaft ablegen, wie dieses Leben oder diese Welt aussehen sollen, bleiben dies nur Worte. Erst unsere Absicht verleiht unseren Wünschen die richtige Durchschlagskraft.

1. Nehmen Sie sich Zeit, sich hinzusetzen und darüber nachzudenken, welche Veränderungen Sie in Ihrem Lebensgarten herbeiführen möchten. Gehen Sie spazieren, hören Sie ein wenig Musik. Setzen Sie sich mit einer Tasse Tee aufs Sofa, und schicken Sie Ihren Geist zum Träumen in die Welt.

2. Stellen Sie sich vor … was Sie auf der Erde sehen wollen. Frieden könnte dazugehören, Harmonie, eine saubere Umwelt, ausgeglichenes Wetter, ausreichend Nahrung und Wasser für alle oder eine Welt, in der Kinder Liebe und Freude erfahren statt Gewalt. Halten Sie keinen Traum zurück, auch wenn er Ihnen noch so groß erscheint.
3. Schreiben Sie auf, wohin Ihr Tagtraum Sie geführt hat.

Stellen Sie sich vor, wie Ihre Wünsche Wirklichkeit werden

Sobald Sie ein klares Bild davon haben, wie die Welt Ihrer Ansicht nach aussehen sollte, fangen Sie an, sich vorzustellen, wie Ihre Wünsche Gestalt annehmen. Wenn Sie diese Welt nicht in Ihrer Vorstellung erschaffen können, wird sie auch niemals konkrete Gestalt annehmen. Erst unsere Vorstellungskraft setzt das Räderwerk der Wirklichkeit in Gang. Sie ist der Nährboden unserer Schöpferkraft, die eine wahre Macht.

Natürlich können wir unsere Fantasie mit schönen oder schrecklichen Bildern füllen. Doch wir wollen unsere Vorstellungskraft schließlich so schulen, dass sie uns den Weg zu unseren Träumen ebnet. Aus diesem Grund müssen wir Verantwortung übernehmen für das, was wir im Hinblick auf die Erde und das Leben auf ihr denken und glauben.

Wie oft haben wir schon folgende Worte benutzt, um eine revolutionäre Idee zu beschreiben: »Das wäre mir nicht im Traum eingefallen.« Verwenden wir Phrasen wie diese nicht immer wieder? Und doch liegt in ihnen auch eine tiefe Wahrheit verborgen: Alles wirklich Neue kommt aus Träumen, aus unserer Vorstellungskraft.

In den Vierzigerjahren des letzten Jahrhunderts lehrte ein Mann namens Neville Goddard, der sich nur »Neville« nannte, grundlegende Prinzipien der Neuschöpfung und Manifestation. Er meinte, fantasiebegabte Männer und Frauen gäben der Welt Bilder vor. Passive Männer und Frauen aber, welche die Kraft der Imagination nicht nutzen, lassen sich von der imaginativen Kraft der anderen anziehen. Vom spirituellen Blickpunkt aus betrachtet träumen wir die Welt ununterbrochen ins Sein. Wenn wir keine aktive Rolle bei der visionären Gestaltung unseres Lebens

> Wir müssen uns jene Eigenschaften, die wir in der Welt sehen wollen, so bildhaft vorstellen können, als seien sie bereits Wirklichkeit.

einnehmen, produzieren wir mit unseren verwirrten Gedanken nur eine Unmenge an Chaos.

Für die Erschaffung unserer Vision müssen wir all unsere Sinne nutzen, denn wir brauchen ein ebenso umfassendes und präzises wie sinnliches Bild dessen, was wir erreichen wollen. Wir müssen uns jene Eigen-

schaften, die wir in der Welt sehen wollen, so bild-
haft vorstellen können, als seien sie bereits Wirklichkeit.

Ich möchte Ihnen dazu ein Beispiel geben: Stellen Sie
sich vor, wir arbeiten alle zusammen in einer Gegend
der Welt, die für ihre verheerenden Dürren bekannt
ist. Wir wollen all unsere Fantasie aufbieten, um Regen zu schaffen, der das Land bewässert und ihm neues Leben ermöglicht.

Stellen Sie sich vor, wie es auf diese besondere Landschaft regnet. Sehen Sie zu, wie Bäume, Pflanzen und
die Erde den Regen aufnehmen: Die Tropfen fallen
auf die Blätter und zerplatzen. Die Farbe des Bodens
verändert sich, während er sich immer mehr vollsaugt.

Doch es genügt noch nicht, den Regen nur zu sehen: Wir wollen ihn auf der Haut fühlen. Stellen wir
uns vor, wie wir durch diese Landschaft wandern. Wir
riechen die frische Feuchtigkeit geradezu in der Luft.
Nehmen Sie sich die Zeit, die facettenreichen Düfte
einzuatmen, die der Regen dem Boden und den Pflanzen entlockt. Lauschen Sie, wie die Regentropfen auf
die Dächer der Häuser prasseln, wie sie auf dem Boden
auftreffen und in kleine Pfützen fallen. Plitsch, platsch.
Öffnen Sie den Mund, spüren Sie den frischen Ge-
schmack des Wassers auf Ihrer Zunge. Es regnet. Jetzt,
in diesem Augenblick.

Viele Menschen stellen sich unter »in der Zukunft« ein vergleichsweise unbestimmtes »eines Tages« vor. Zum Beispiel: »Eines Tages wird es in dieser Gegend regnen.« Oder: »Eines Tages wird es Frieden auf Erden geben.« Doch dies funktioniert nicht. Zur Verwirklichung Ihrer Träume müssen Sie Ihre Vorstellungskraft so einsetzen, dass Sie das Resultat Ihrer Bemühungen als schon eingetreten erleben.

Hier noch ein Beispiel: Nehmen wir einmal an, es wäre Ihr Herzenswunsch, dass auf Erden endlich Frieden herrscht. Nun stellen Sie sich vor, wie Sie die verschiedenen Kontinente bereisen, und überall begrüßen die Leute Sie mit einem Lächeln auf den Lippen, weil sie in ihrem Land in Frieden leben. Sehen Sie dem Treiben auf den Marktplätzen zu, wo alle friedlich plaudernd beieinanderstehen. Menschen unterschiedlichster Herkunft unterhalten sich miteinander.

Kinderlachen schallt durch die Straßen, heitere Musik erklingt. Genießen Sie es, Mahlzeiten zu sich zu nehmen, die mit Liebe zubereitet wurden, da endlich Frieden herrscht. Spüren Sie, wie Frieden Sie umhüllt, während Sie die Nachrichten einschalten, in denen über Menschen berichtet wird, die neue Wege gefunden haben, in Harmonie zu leben. Saugen Sie die frische Luft ein, so sauber, so voller Liebe, weil die Menschen endlich ihre Zeit und Energie auf solche Dinge verwenden können. Geben Sie sich dieser Erfahrung ganz hin. Auf diese Weise werden unsere Träume Wirklichkeit – wenn wir sie mit all unseren Sinnen vorwegnehmen.

Achten Sie weiterhin genau auf das, was sich in Ihrem Kopf abspielt. Was wir im Inneren hören oder sehen, wird sich bald auch in der Außenwelt zeigen. Daher ist es von entscheidender Bedeutung, dass sich unsere innere Stimme auf unsere Herzenswünsche hin ausrichtet. Dies gilt natürlich auch für unser Leben in der Gemeinschaft. Auch die Gemeinschaft muss lernen, die kollektive innere Stimme in Einklang mit ihren heilsamen Wünschen für den Planeten zu bringen. Wir werden im Fortgang unserer gemeinsamen Bemühungen Mittel und Wege entdecken, um daran zu arbeiten.

Schöpfung geschieht in der tiefen Stille unseres inneren Raumes. Stellen Sie sich vor, Sie legen ein Samenkorn in den dunklen, feucht-kühlen Schoß der Erde. Dort wächst es in vollkommener Ruhe heran. Wir müssen unsere Fähigkeit erwecken, jene Dinge, die wir in unserem Leben erschaffen wollen, mit allen Sinnen vorwegzunehmen. Doch natürlich brauchen wir auch den stillen, friedlichen Raum, aus dem heraus sie entstehen können.

Übung: Alle Sinne nutzen

Suchen Sie sich einen ruhigen Ort, an dem Sie Ihren Raum der Stille schaffen können. Dies kann ein schöner Ort in der freien Natur sein, aber auch der eigene Garten. Sie können still arbeiten oder Musik auflegen, wenn Ihnen dies besser erscheint – sie öffnet uns häufig die Pforten zum Raum der Stille.

1. Konzentrieren Sie sich auf eine der Qualitäten, die Sie für diese Welt für unabdingbar halten. Je mehr Leidenschaft in diese Vorstellung einfließt, desto kraftvoller wird Ihre Übung. Suchen Sie sich also etwas aus, was für Sie unverzichtbar ist.

2. Nun bemühen Sie Ihre Vorstellungskraft. Wie im obigen Beispiel vom Frieden nutzen Sie nun all Ihre Sinne, um sich auszumalen, wie die Welt aussieht, wenn dieser spezielle Wunsch in Erfüllung gegangen ist: Sie sehen, riechen, hören, schmecken, fühlen es.
Achten Sie darauf, dass Sie die Szenen farbig und dreidimensional erleben. Einer der Fallstricke bei dieser Übung ist, dass man sich die Szene vorstellt, als sähe man einen Film. Der Übende sieht und hört, er reagiert auch emotional, aber das Gesamtbild bleibt doch flach. Gestalten Sie Ihre Schöpfung dreidimensional. Werden Sie Teil dieses Traumes. Stellen Sie sich konkret vor, was Sie in Ihrem Wahrtraum tun. Erleben Sie sich im Traum. Registrieren Sie Ihre Gefühle, während Ihr Traum sich manifestiert.

Nun gehen wir einen Schritt zurück: Rufen Sie sich Ihre Schöpfungsgeschichte wieder ins Gedächtnis und mit ihr das Gefühl bedingungsloser Liebe. Spüren Sie dieselbe Liebe, wenn Sie Ihren Traum er-leben? Vergessen Sie nicht: Liebe ist die Kraft, die Ihre Schöpfung braucht.

Übung: Arbeiten in der Leere

Mit dieser Übung lernen die Teilnehmer meiner Workshops, im Raum der Leere zu arbeiten. Meiner Erfahrung nach verleiht dies der schöpferischen Arbeit größere Durchschlagskraft. Wenn Sie also schon ausreichend geübt darin sind, die Welt, in der Sie leben wollen, zu sehen, zu hören, zu fühlen, zu riechen und zu schmecken, können Sie sich überlegen, auch diese Übung in Ihre tägliche Praxis zu integrieren. Alles, was Sie dazu tun müssen, ist eine klare Absicht formulieren.

1. Versetzen Sie sich mit der von Ihnen gewählten Methode in einen Zustand der Entspannung.
2. Mit geschlossenen Augen entspannen Sie sich und lauschen der Musik, die Sie ausgewählt haben, oder der Stille. Dann formulieren Sie die Absicht, die Sie im Raum der Leere erfahren wollen, jenem Raum vor jeder Schöpfung. Suchen Sie nun diesen fruchtbaren Raum auf, den Raum purer, noch gestaltloser Energie. An diesem Ort entsteht alles Geschaffene.

3. Wenn Sie in diesen fruchtbaren Raum vollkommener Dunkelheit eintauchen, erfahren Sie ihn mit all Ihren Sinnen. Stellen Sie sich vor, dass alles, was Sie sich wünschen, bereits Wirklichkeit ist.

4. Nun sehen Sie dabei zu, wie Ihre Schöpfung den Raum der Leere verlässt und eintaucht ins Licht des Lebens, wie eine Pflanze, die aus dem Erdreich Ihres Inneren ans Licht wächst, wie ein Baby, das aus dem Mutterleib heraustritt. Eben dieses Prinzip ist es, das Ihrer Schöpfung den Weg ans Licht ermöglicht.

Übung: Arbeit mit der persönlichen Schöpfungsgeschichte

1. Stellen Sie sich vor, Sie sind der Schöpfer dieser Welt, auf die Sie aus den Weiten des Himmels hinabsehen.

2. Stellen Sie sich vor, wie Sie aus reiner, grenzenloser Liebe die unterschiedlichen Lebensformen erschaffen: Erde, Luft, Wasser, Himmel, Sonne, Mond, Sterne und Planeten.

3. Schreiben Sie diese Geschichte nun auf: Wie entstand diese Welt aus der Liebe?

4. Nachdem Sie Ihre Geschichte geschrieben haben, gehen Sie draußen spazieren. Stellen Sie sich vor, dass Sie die Welt mit den Augen des Schöpfers sehen. Sie betrachten alles mit derselben Liebe, aus der die Schöpfung entstanden ist.

Übung: Das Feuer-Schöpfungs-Ritual

Das lebende Wesen, das wir Feuer nennen, hilft uns, unsere Träume zum Schöpfer oder zur schöpferischen Kraft des Universums zu tragen. Es ist die Natur des Feuers, alles umzuwandeln und zu transformieren. Im folgenden Ritual bitten Sie das Feuer, Ihnen bei der Gestaltung Ihrer Schöpfung zu helfen.

Der Rauch des Feuers trägt Ihre Träume und Gebete in den Himmel. Das Feuer agiert dieses Mal also nicht zerstörend, sondern – gemeinsam mit Ihnen – schöpferisch.

Mit Hilfe des Feuers wenden wir den Grundsatz »Wie oben, so unten. Wie innen, so außen« an. Wir tun unsere schöpferische Arbeit, indem wir den Schöpfer in uns in Aktion treten lassen. Gleichermaßen sorgen wir dafür, dass der äußere Schöpfer unsere Träume aufnimmt. Auf diese Weise treffen die Energien von Erde und Himmel zusammen.

Dieses Ritual können Sie allein ausführen, aber auch mit anderen zusammen. Kinder lieben Rituale.

1. Bevor Sie das Feuer anzünden, wählen Sie ein Objekt aus, das als Träger für Ihre Träume und Gebete dient und verbrannt werden kann. Zeichnen Sie ein Bild von der Welt, wie sie aussieht, nachdem Ihr Wunsch Wirklichkeit geworden ist. Oder konzentrieren Sie sich auf Ihren

Wunsch, und lassen Sie ihn in farbiges Garn einfließen, das Sie um einen Holzstock wickeln.

Achten Sie darauf, dass Sie tatsächlich die Energie des Traumes in Ihr Ritualobjekt ziehen. Wenn Sie die Konzentration auf Ihren Herzenswunsch nicht die ganze Zeit aufrechterhalten können, während Sie das Objekt vorbereiten, nehmen Sie die Kraft des Atems zu Hilfe. Hauchen Sie dem fertigen Objekt die Kraft Ihres Wunsches ein.

2. Machen Sie ein Feuer wie in Kapitel 2 beschrieben. Dieses Mal sagen Sie dem Feuer, während Sie es entzünden, dass es Ihre Gebete zum Schöpfer tragen soll.

3. Danken Sie dem Feuer, dass es bereit ist, Ihre Träume und Visionen zur schöpferischen Kraft des Universums zu bringen.

4. Wenn Sie fertig sind, legen Sie die Zeichnung, den Stock oder was Sie sonst als Ritualobjekt ausgewählt haben, auf das Feuer. Konzentrieren Sie sich auf Ihren Herzenswunsch.

5. Am Ende übergeben Sie dem Feuer die Opfergabe Ihres Dankes. Vergessen Sie nicht: Der schöpferische Prozess ist voller Heiterkeit und Freude. Gestalten Sie Ihre Zeremonie also schön und tun Sie auch danach etwas, was Ihnen Spaß macht. Vielleicht überkommt Sie ja die Lust zu singen und zu tanzen oder Ihr Lieblingsgericht zu essen.

Varianten der Übungen

Feuer visualisieren

Wenn Sie kein echtes Feuer machen können, so lässt sich die Zeremonie auch gut in der Vorstellung durchführen.

1. Suchen Sie sich einen ruhigen Ort, an dem Sie nicht durch Telefonanrufe oder dergleichen gestört werden. Das bedeutet nicht, dass Sie das Ritual allein durchführen müssen. Legen Sie Musik auf, wenn Sie möchten. Dann setzen oder legen Sie sich entspannt hin. Bauen Sie Ihren heiligen Raum auf.

2. Konzentrieren Sie sich auf Ihren Herzenswunsch. Spüren Sie die Entschlossenheit, mit der Sie Ihren Verbündeten, das Feuer, um Hilfe bitten.

3. Nun begeben Sie sich in Ihrer Vorstellung an einen Ort in der freien Natur, an dem Sie ein Feuer entzünden können.

4. Stellen Sie sich mit allen Sinnen vor, wie Sie dieses Feuer machen. Sie schichten das Holz auf, dann stecken Sie den Stapel an. Atmen Sie tief ein und aus. Spüren Sie durch Ihre Fußsohlen hindurch den Boden, auf dem Sie stehen oder sitzen. Welche Gerüche nehmen Sie wahr? Wie riecht Ihr Feuer? Lau-

schen Sie seinem Knistern. Was spüren Sie auf der Zunge?

5. Nun sehen Sie sich in Ihrem Wachtraum um. Sie entdecken einen kleinen Stock, den Sie zum Ritualobjekt machen möchten. Heben Sie ihn auf. Wie fühlt er sich an? Konzentrieren Sie sich nun auf den Wunsch, den Sie diesem Stock mitgeben wollen. Hauchen Sie dem Stock Ihre Schöpfung ein. Wenn Sie das Gefühl haben, dies sei vollständig getan, legen Sie ihn ins Feuer.

6. Teilen Sie dem Feuer Ihren Herzenswunsch mit. Danken Sie ihm, weil es Ihren Wunsch zum Schöpfer trägt. Beobachten Sie den Rauch, der zum Himmel aufsteigt.

Lassen Sie Ihre Wünsche mit einem Luftballon aufsteigen

Auch Luftballons werden in vielen spirituellen Schulen als »Transportmittel« benutzt. Hier visualisieren wir unseren Luftballon.

1. Dieses Mal machen Sie kein Feuer, sondern übertragen Ihren Wunsch, Ihre Träume oder Gebete auf einen Luftballon. Suchen Sie sich einen passenden aus.

2. Dann lassen Sie den Ballon los und sehen zu, wie er in den Himmel schwebt, bis Sie ihn nicht mehr se-

hen können. Wie der Rauch des Feuers nimmt auch der Ballon Ihre Wünsche mit zu den schöpferischen Kräften, wo sie aufgenommen und in Wirklichkeit umgewandelt werden.

Der Schlüssel zum Erfolg ist diese winzige Geste des Loslassens. Sie halten die Ballonschnur nicht mehr länger fest.

Welche Methode Sie auch gewählt haben, ob Feuer oder Ballon, wichtig ist: Sie formulieren klar Ihren Wunsch und übergeben ihn dann einer höheren Macht, damit diese sich darum kümmert. Sie arbeiten also mit der schöpferischen Kraft des Universums zusammen. Sie als irdisches Geschöpf manifestieren in Liebe Ihre Träume, und der Himmel steht Ihnen bei, damit die Erde Heilung findet.

Führen Sie ein Traumtagebuch

Natürlich können Sie Ihren Träumen auch Raum geben, indem Sie sie in Ihrem Tagebuch notieren. Seien Sie auch hier so detailgetreu wie möglich. Nutzen Sie all Ihre Sinne zur Beschreibung dessen, was Ihnen wünschenswert erscheint. Wenn Sie Ihrem Herzenswunsch in Worten oder einer Zeichnung Gestalt verliehen haben, sagen Sie sich: »Es ist vollbracht.« So lassen Sie Ihre Wünsche los, damit sie Wirklichkeit werden können. Dann schlagen Sie das Tagebuch zu.

Weitere Varianten

Auch das Einrichten eines Altars ist eine gute Möglichkeit, klar formulierte Absichten an die schöpferischen Kräfte zu delegieren. Suchen Sie sich einen Platz in Ihrer Wohnung oder in der freien Natur, der Ihnen als Altar dienen kann. Schreiben Sie Ihre Wünsche auf. Zeichnen Sie, was Sie sich wünschen. Beides legen Sie dann auf ein kleines Tuch, das zu Ihrem Altar wird. Schmücken Sie diesen mit Blumen, Kristallen, Steinen oder anderen schönen Dingen. Suchen Sie den Altar so oft wie möglich auf, um die Konzentration auf Ihre Wünsche aufrechtzuerhalten.

In indigenen Stammeskulturen gibt es häufig einen »Gebetsbaum«. Dort legen die Menschen ihre Gebete in Form von Briefen oder Zeichnungen nieder. Dazu gehören auch ihre Träume für die Welt, in der sie leben. In Sibirien gelten Bäume als heilig, da sie gleichsam Brücken zwischen Himmel und Erde darstellen. Bei den dort lebenden Burjaten gibt es solche Gebetsbäume, genauso wie einen »Friedensbaum«. Für diesen wird ein Wacholderbaum ausgewählt, dem die Stammesangehörigen in einer Zeremonie danken. Die

Burjaten bringen ihm Speise- und Trankopfer dar und singen Dankgebete für ihn. Dann binden sie bunte Bänder an den Baum, welche die guten Absichten der Spender und die Gebete des Stammes für den Weltfrieden in sich tragen. Diese Bände werden nur lose um den Stamm gewickelt, damit dieser weiter wachsen kann.

Bei einem meiner Workshops in Santa Fe leitete Melissa, die einst eine Schülerin von mir war, mittlerweile aber selbst Trainerin ist, ihre Gruppe an, einen Friedensbaum zu gestalten. Wann immer ich in diesem Retreat-Zentrum einen Kurs gebe, führe ich die Teilnehmer zu ihm, damit sie ihre Bänder an ihm befestigen können. Wir bringen dem Baum Speiseopfer dar und singen Friedenslieder. Diese Zeremonie gibt den Menschen Hoffnung.

Als ich in Schottland lehrte, nahm mich Stephen, ein wunderbarer schamanischer Lehrer, in einen Wald mit, der »Feenwald« genannt wird. Dort hatten Menschen aus aller Welt Zeichnungen, Fotos und Gebetstexte aufgehängt, damit sie selbst und die Erde Heilung finden mögen. Es war ein außerordentlicher Anblick, diese kleine Schlucht, in der alle Bäume mit bunten Bändern, Fotos und anderen Objekten geschmückt waren – ein Bild der Hoffnung und Liebe. Wenn Sie möchten, können Sie auch an Ihrem Wohnort einen solchen Gebetsbaum schaffen. Vergessen Sie nicht, zuallererst dem Baum zu danken. Wählen Sie dazu ein Ritual, das sich für Sie »richtig« anfühlt. Vergessen Sie nicht: Die klar formulierte Absicht ist der entscheidende Punkt.

Übertragen Sie die Energie jener Eigenschaften, die Sie für die Heilung des Planeten für unverzichtbar halten, auf bunte Bänder, die Sie lose um den Baum wickeln. Diese Art des Rituals eint die Mitglieder einer Gemeinschaft im Geist der Liebe zum Leben. Dies allein wirkt sich schon heilsam auf die Welt aus.

Übung: Besuch beim Helfer

In Kapitel 2 haben Sie Ihren Helfer kennengelernt. Er hat Sie beim Loslassen Ihrer Blockaden unterstützt und Ihnen mit Rat und Tat zur Seite gestanden. Ich würde Ihnen empfehlen, diesen Helfer auch für Ihre schöpferische Arbeit zu bemühen.

Gelegentlich verfangen wir uns regelrecht in unseren Alltagssorgen und den Hiobsbotschaften der Welt, so dass es uns nicht mehr gelingt, eine weitere Perspektive einzunehmen, die auch das große Ganze im Blick hat. Es kommt auch vor, dass unser Ego uns Wünsche vorgaukelt, die dem Schöpfungswillen unserer spirituellen Natur zuwiderlaufen. Um den Blick für das größere Ganze wiederzufinden und unsere Schöpfung am Guten auszurichten, können wir erneut unseren Helfer konsultieren, der die Dinge aus dem Blickwinkel der Weisheit sieht.

1. Wiederholen Sie die Übung, wie Sie auf Seite 89 beschrieben ist. Bitten Sie Ihren Helfer, Ihnen bei der Erschaffung einer Welt aus Liebe, Licht, Harmonie, Frieden und Fülle zu helfen, damit Sie Ihre Ziele klarer formulieren können.
2. Bitten Sie um Hilfe bei der Formulierung einer klaren Absicht.
3. Bitten Sie um Rat, was die Methoden angeht, mit denen Sie dieses Ziel erreichen können. Fragen Sie konkret, welche Übungen Sie machen sollten, um einem bewussten Wandel näherzukommen.

Arbeit mit Kindern

Kinder sind von Natur aus schöpferisch. Sie wissen, wie sie ihre Vorstellungskraft einsetzen können. Erfinden Sie gemeinsam mit ihnen Geschichten von einer friedlichen, harmonischen Welt. Malen Sie Bilder von dieser Welt, und hängen Sie sie im Haus auf. Lehren Sie Ihre Kinder, wie sie mit Hilfe ihrer Vorstellungskraft und aller Sinne Träume wahr werden lassen können. Zeigen Sie ihnen, wie sie die Welt erschaffen können, in der sie leben möchten.

Lassen Sie Ihre Kinder eine Zeremonie ersinnen, die Sie alle gemeinsam als Familie durchführen können. Je mehr Sie Ihre Kinder zum Träumen ermutigen, desto leichter wird es ihnen fallen, das Licht der Hoffnung entzündet zu halten, das den Funken des Wandels schon in sich trägt.

Seien Sie der Wandel

Da die Außenwelt eine Widerspiegelung unseres Bewusstseinszustandes ist, müssen wir unser Innenleben verändern, wenn wir tatsächlich einen Wandel herbeiführen wollen. Diese Erkenntnis lässt sich in dem Satz zusammenfassen: »Die Welt verändert sich durch das, was wir sind, nicht durch das, was wir tun.« Anders ausgedrückt: Wenn wir Frieden auf Erden erleben wollen, müssen wir Frieden in uns suchen. Daher ist es so schwer, echten Wandel herbeizuführen.

Die Welt verändert sich durch das, was wir sind, nicht durch das, was wir tun.

Beobachten Sie nur einmal Menschen bei einer Friedensdemonstration. Die Energie, die dort frei wird, erinnert häufig eher an Auseinandersetzung und Krieg. Am Ende ist es dann diese Energie, die Wirklichkeit wird, und nicht das ursprüngliche Ziel »Frieden«.

Damit will ich nun nicht sagen, dass Gefühle wie Trauer und Wut tabu sind. Es ist Teil unserer menschlichen Natur, dass wir eine gewisse Bandbreite von Emotionen ausdrücken können. Unsere emotionale Reaktion sollte unserem Erleben angemessen sein. Doch die meisten Menschen wissen nicht, wie sie solche Gefühle ausdrücken können, ohne deren Energie in die Welt zu schicken. Gewöhnlich übertragen wir die Energie unseres Zorns auf andere Menschen, auf die Welt und letztlich auch wieder auf uns selbst. Das ist, als schössen wir einen vergifteten Pfeil ab. Menschen, die diese Energie abbekommen, fühlen sich, als würden sie geschlagen, getreten, niedergestochen oder -geschossen, zumindest auf energetischer Ebene. In vielen indigenen Kulturen glauben die Menschen tatsächlich, dass diese Energie letztlich gewaltsame Vorfälle erzeugt. Wer ihr ausgesetzt ist, wird krank. Wenn wir uns hingegen in den üblichen negativen Selbstgesprächen ergehen, richten wir die negative Energie nach innen. Auch dies zieht Krankheiten nach sich. Lassen wir sie jedoch einfach so entweichen, schlägt sie sich in Umweltverschmutzung nieder. Dann betrifft die Krankheit unseren Planeten. Doch es gibt ein wirksames Gegenmittel: Wir müssen die Energie hinter unseren negativen Gedanken oder Gefühlen in die Energie von Licht und Liebe umwandeln.

Wie Sie schwierige Gefühle zur Kenntnis nehmen, ohne sie in die Welt zu senden

Dies ist letztlich eine sehr simple Übung: Wenn Sie Informationen über den Zustand unserer Welt aufnehmen, achten Sie darauf, mit welchen Gefühlen Sie darauf reagieren. Verleugnen Sie diese, dann dienen Sie damit weder sich noch der Erde, denn die Energie wird zwar unterdrückt, entfaltet »unterirdisch« aber weiter ihre zerstörerische Wirkung.

Wenn Sie sich also Ihre Gefühle bewusst gemacht haben, konzentrieren Sie sich auf folgende Worte: *Möge die Energie, die hinter meinen momentanen Empfindungen steht, in die Energie von Licht und Liebe verwandelt werden. Möge sie in die Welt hinausgehen, um die Erde und das Leben zu nähren.*

Auf diese Weise drücken wir unsere Gefühle aus, stellen jedoch sicher, dass wir nur heilsame Energie in die Welt senden. Wir leben das Prinzip, das der große Mahatma Gandhi uns vorgegeben hat: Sei die Veränderung, die du dir wünschst.

Natürlich gibt es in der Welt auch finstere Kräfte. Es hat wenig Sinn, das zu leugnen. Wir müssen mit diesen Kräften umgehen lernen. Und uns auch bewusst machen, dass die dunklen Mächte da draußen letztlich nur Spiegelbild der Schatten in uns sind. Wie oben, so auch unten. Wie innen, so auch außen.

Letztlich ist es die Illusion des Getrenntseins – von den anderen und von der Welt überhaupt –, die zu Gefühlen wie Furcht, Hass, Gier und Machtstreben führt. Dagegen gibt es nur ein Mittel: die Erkenntnis, dass diese Aspekte in uns vorhanden sind. Richten Sie den Blick nach innen, und verrichten Sie die alchemistische Arbeit der Wandlung und Transmutation. Nutzen Sie die Macht von Liebe, Licht und Verbundenheit, um die Illusion der Isoliertheit zu heilen.

Die Dunkelheit in der Welt wurde von unseren kollektiven Glaubenssätzen geschaffen. Daher müssen wir als Kollektiv daran arbeiten, so viel Licht zu erschaffen, dass es die Dunkelheit verdrängen kann – innen und außen. Dies wird uns nur gemeinsam gelingen.

Wenn wir jedoch als globale Gemeinschaft unsere Kräfte bündeln, um Neues zu schaffen, können wir uns eine Welt *er-träumen,* in der alle gleichermaßen Liebe, Harmonie, Frieden, Gleichheit und Fülle erfahren. Wir müssen nur unsere Vorstellungskraft nutzen und mit ihrer Hilfe die grenzenlosen Möglichkeiten unseres kreativen Potenzials erschließen. Robert Kennedy sagte einmal: »Ich träume von Dingen, die noch nie da waren. Und ich frage Sie: Warum nicht?« Stellen Sie sich selbst einmal diese Frage: Was, wenn die Heilung der Erde möglich wäre? Diese Art der Fragestellung bereitet die fruchtbare Erde unseres Gartens für den Samen der Träume vor.

4 ~ Segnen und gesegnet werden: die Macht der Dankbarkeit

Wir haben diesen Satz schon so oft gehört, doch er wird davon nicht weniger wahr: Es ist unsere Wahrnehmung, die unsere Welt schafft. Diese spirituelle Botschaft wurde mir vor vielen Jahren während einer Meditation übermittelt. Wenn wir glauben, dass wir belastete Nahrung verzehren, wird unser Essen auch toxische Wirkung entfalten. Wenn wir glauben, mit der Nahrung das Licht unseres Schöpfers in uns aufzunehmen, werden wir auch von Licht genährt. Ein Mensch kommt in einen Raum und sieht lauter nette Menschen, während ein anderer die Anwesenden als unfreundlich erlebt. Diese unterschiedlichen Wahrnehmungsmuster schaffen für die beiden Personen eine jeweils ganz anders geartete Welt. Auf einer Party zählt ein Gast nur alles auf, was auf der Welt schief läuft. Ein anderer bewundert den herrlichen Sonnenuntergang. Der dritte erzählt von seinem Enkelkind, und sein Gesicht strahlt dabei vor Freude. Diese unterschiedlichen Wahrnehmungen bringen unterschiedliche Energien hervor, und zwar nicht nur für den Wahrnehmenden selbst, sondern auch für die Menschen in seiner Umgebung. Jeder überträgt die Energie seiner Wahrnehmung auf sein Umfeld.

Während meiner Meditation hatte ich als Absicht formuliert, dass ich die Zusammenhänge zwischen Wahrnehmung und Welt besser verstehen wollte. Als Antwort erhielt ich folgende Botschaft: Wenn du deine Wahrnehmung ändern willst, musst du die Schönheit in allen Dingen sehen lernen. Dem Leben ist eine tiefe innere Schönheit eigen, die über all das Leiden hinausgeht, das wir auf den ersten Blick wahrnehmen. Diese Idee erschien mir seinerzeit zwar wichtig, doch ich wusste nicht recht, wie ich mit ihr weiterarbeiten sollte.

Also formulierte ich meine Absicht neu und bat um deutlichere Führung. Schließlich erhielt ich folgende Botschaft: Wenn du deine Wahrnehmung verändern und die Schönheit in allen Dingen sehen willst, musst du das Leben und was es dir gibt schätzen lernen.

Natürlich ist es nicht gerade leicht, in jeder Lebenslage das Gute zu sehen, doch zumindest hatte ich einmal ein Ende des Fadens in der Hand und konnte damit arbeiten.

Wenn wir Dankbarkeit und Wertschätzung empfinden, weitet sich unser Herz. Sobald die Energie der Liebe uns durchströmt, fangen wir an, die Vollkommenheit des Lebens zu erkennen. Energetisch betrachtet ist es leichter, mit seinen eigenen Gedanken zu arbeiten, wenn wir von diesem Punkt ausgehen. Starten wir mit Klagen in den Tag, ist es weit schwieriger, unsere Gedanken auf positive Dinge umzulenken. Beginnen wir den Tag jedoch voller Dankbarkeit, wird es leichter, unsere Gedanken auf die schönen Seiten der Welt zu verwenden, die wir erschaffen wollen.

Sogar die Wissenschaft hat die Macht der Dankbarkeit anerkannt. Wir wissen mittlerweile, dass die Alphawellen unseres Gehirns unser Immunsystem unterstützen. Nun haben Wissenschaftler mit Hilfe bildgebender Verfahren herausgefunden, dass Dankbarkeit ein Weg ist, um im Gehirn Alphawellen zu erzeugen. Es ist also wirklich so einfach: Denken Sie positiv, und Sie bleiben gesund!

Dankbar zu sein bedeutet nicht, dass wir das Leiden auf der Welt leugnen müssen. Doch wenn wir uns auf Freude, Erfolg und die Schönheit des Lebens konzentrieren, verändert sich unsere Wahrnehmung und damit unsere Energie. Richten wir unser Augenmerk hingegen stets auf das, was nicht funktioniert, geben wir unserer Energie negative Impulse. Wir schaffen noch mehr Leiden und erzeugen so Hoffnungslosigkeit. Konzentrieren wir uns aber auf Freude und Schönheit, wird diese Energie in das Netz des Lebens eingespeist und macht so Veränderung möglich.

Spirituelle Heiler oder Mystiker erhellen einen

128

Raum, kaum dass sie ihn betreten haben. Sie müssen gar nichts sagen oder tun, um ihr Licht über den Anwesenden scheinen zu lassen. Schon ihre schlichte Anwesenheit bringt einen energetischen Wandel mit sich, der für jeden Menschen fühlbar ist. Lassen Sie uns zu den Mystikern unserer Tage werden, die ganz von selbst den Wandel der Welt einleiten. Zu diesem Zweck müssen wir unser Augenmerk auf die Schönheit des Lebens richten. Wie das geht, erfahren Sie in diesem Kapitel.

Ein guter Anfang

Wenn wir uns in unseren Sorgen und den Problemen der Welt verlieren, vergessen wir gerne das Gute, das uns immer wieder geschieht. Doch gerade dann sollten wir bewusst an diese Segnungen denken.

Setzen Sie sich an einen ruhigen Ort, und erinnern Sie sich an Zeiten, in denen Sie das Gefühl hatten, eine höhere Macht habe Sie an der Hand genommen und sich um Sie gekümmert. Hier ein paar Beispiele, wie so etwas aussehen kann:

– Sie befinden sich im Auto. Plötzlich haben Sie das Gefühl, einen anderen Weg nehmen zu müssen. Sie tun es und erfahren später, dass auf Ihrer üblichen

Route zu jener Zeit ein Unfall geschehen ist. Hätten Sie nicht einen anderen Weg eingeschlagen, wären Sie vielleicht in das Unglück verwickelt worden. Sie freuen sich über die mysteriöse Eingebung, die Ihnen vielleicht das Leben gerettet hat.

— Sie stehen Schlange in der Bank. Sie drehen sich um und fangen mit der Person hinter Ihnen ein Gespräch an. Zufällig stellt sich heraus, dass dieser Mensch Ihnen bei Ihrem neuesten Projekt behilflich sein kann.

— Sie sind eigentlich schon zu spät dran, um einen wichtigen Geschäftstermin zu erreichen. Doch wie durch ein Wunder schalten plötzlich alle Ampeln auf Grün, sobald Ihr Wagen sich ihnen nähert. Sie gleiten wie auf einer Spur des Glücks dahin.

— Sie verlassen Ihre Wohnung. Ein unbestimmtes Gefühl veranlasst Sie, noch einmal zurückzugehen. Sie sperren die Wohnungstür auf, da klingelt das Telefon. Der Anrufer bietet Ihnen einen tollen Job an, den Sie nicht hätten annehmen können, wenn Sie nicht auf Ihr Gefühl gehört hätten.

Wenn Sie genauer darüber nachdenken, werden Sie schnell feststellen, dass Ihr Leben voll von solchen »Zufällen« ist. Sie hatten unerwartet Glück, wurden vor einem Unglück bewahrt oder erhielten ein Zeichen, das Ihnen zu einer richtigen Entscheidung verhalf.

Wenn Sie an solche Situationen denken, steigt automatisch ein Gefühl der Dankbarkeit in Ihnen auf. Sie wissen, dass das Universum sich Ihrer annimmt. Wenn Sie einen Altar besitzen, können Sie dort ein Objekt platzieren, das Sie an diese Glücksfälle im Leben erinnert. Vielleicht möchten Sie Ihre unerwarteten Erfolge auch in Ihrem Tagebuch festhalten. Wenn es Ihnen dann eines Tages an Hoffnung und Inspiration mangeln sollte, blättern Sie es durch und werden an die dem Leben innewohnende Güte erinnert.

Sich dieser Dankbarkeit bewusst zu werden, bringt neue Nährstoffe in den Garten unseres Lebens. Besonders wirksam ist es, wenn es für Sie zur Gewohnheit wird, sich Morgen für Morgen daran zu erinnern. Wenn Sie den Morgen mit einem dankbaren Lächeln auf den Lippen begrüßen, erfüllt Sie das Gefühl, dass der Fluss des Lebens Sie hält und trägt. Dankbarkeit dem Leben gegenüber hilft uns, uns auch in schwierigen Zeiten weiter zu entfalten.

Übung: Den Tag mit Dankbarkeit beginnen

Beginnen Sie jeden Ihrer Tage damit, Dank zu sagen.

1. Denken Sie gleich nach dem Erwachen an fünf Dinge, für die Sie dankbar sind.
2. Formulieren Sie eine positive Aussage, die diese Dank-

barkeit widerspiegelt. Zum Beispiel: »Die Liebe des Universums umgibt mich.«

Dies wird Ihnen helfen, schwierige Gefühlslagen, die sich während des Tages einstellen können, umzuwandeln. Wir leugnen diese Schwierigkeiten nicht, aber wir konzentrieren uns lieber auf das, was *funktioniert*. Dies hilft uns, unsere Wahrnehmung zu verändern, was letztlich auch unsere Wirklichkeit verwandelt.

Verändere dein Denken – verändere deine Wahrnehmung – verändere deine Wirklichkeit.

Wenn wir uns auf jene Dinge konzentrieren, für die wir dankbar sind, legen wir, wie bereits dargelegt, neue neuronale Pfade im Gehirn. Statt weiter auf den ausgetretenen Pfaden des Gewohnten dahinzutrotten, konzentrieren Sie sich auf jene Dinge, die in Ihrem Leben *funktionieren*. Dies wiederum schafft ganz konkret neue Wege des Denkens. Mit der Zeit verschwinden die alten Denkmuster, die unsere Kreativität blockieren, von selbst. Wir verweilen aus eigenem Antrieb immer länger in den neuen geistigen Räumen der Dankbarkeit, wo wir Neues nicht von vornherein für unmöglich halten.

> Verändere dein Denken – verändere deine Wahrnehmung – verändere deine Wirklichkeit.

Variationen zu dieser Übung

Formulieren Sie die klare Absicht, Herz und Geist in Liebe zu öffnen

1. Atmen Sie, wenn Sie am Morgen erwachen, erst einige Male tief ein und aus.
2. Legen Sie sich die Hand auf den Bauch oder aufs Herz, und atmen Sie tief ein und aus. Überlegen Sie, was Sie am Leben und an der Natur lieben.
3. Formulieren Sie nun klar Ihre Absicht, Herz und Geist dem Leben zu öffnen, der Natur und allen lebenden Wesen. Rufen Sie sich diese Absicht den ganzen Tag über immer wieder ins Gedächtnis.
4. Wenn Sie möchten, platzieren Sie da und dort kleine Zettel oder andere Erinnerungshilfen, die Ihnen Ihre Absicht wieder ins Gedächtnis rufen.

Singen Sie Ihr Lieblingslied

Sie können den Tag auch mit einem Lächeln beginnen, indem Sie gleich nach dem Aufstehen Ihr Lieblingslied singen. Es ist schwer, optimistisch in die Zukunft zu sehen, wenn wir unsere Energie blockieren und daher nicht vollständig durchatmen können. Der körperliche Akt des Singens lässt wieder mehr Sauerstoff durch unseren Körper fließen, was unsere Laune bedeutend bessert.

Übung: *Ein Spaziergang in Dankbarkeit*

Planen Sie jeden Tag einige Minuten oder auch länger ein, um in Dankbarkeit durch die Welt zu gehen. Schlendern Sie durch die Stadt, durch einen Park oder die freie Natur.

1. Nehmen Sie sich jeden Tag ein bisschen Zeit, um Dank zu sagen. Tun Sie dies ruhig auch, während Sie morgens zur Arbeit oder abends nach Hause gehen. Beten und bitten Sie um nichts. Danken Sie einfach nur: dem Wasser, der Luft, der Erde und der Sonne, für das Leben, das sie Ihnen Tag für Tag ermöglichen. Den Menschen, die Sie lieben und die Ihnen ihre Liebe schenken. Danken Sie jenen Menschen, die Sie inspirieren. Sagen Sie Dank für Ihr Leben.

2. Gehen Sie durch die Welt, und danken Sie für die Schönheit der Natur, die Sie umgibt: für Blumen, Bäume, Vögel, Wolken, Seen, Flüsse, Meere, Tiere. Wenn Sie durch die Stadt gehen, danken Sie für die Schönheit Ihrer Umgebung, den Himmel, die Vögel, die Pflanzen, die Sie sehen. Für Erde, Luft, Sonne, Mond und Sterne. Ein machtvolles Prinzip alter Weisheitslehren besagt, dass der Segen, den Sie geben, immer zu Ihnen zurückfließt. Während Sie durch die Welt gehen und allem Leben Ihren Segen erteilen, spüren Sie, wie der Segen zu Ihnen zurückkommt. Auf diese Weise ehren Sie das Göttliche in der Schöpfung.

Wenn Sie sich auf das konzentrieren, wofür Sie dankbar sind, auf die Schönheit des Lebens, auf das, was funktioniert, statt auf das, was schiefläuft, schaffen Sie eine starke Grundlage für Ihr Leben und Ihr persönliches Wachstum.

Heidi, eine deutsche Schülerin und Freundin von mir, kümmert sich um viele Tiere und hegt eine tiefe Liebe zur Natur. Sie widmet sich allen Aktivitäten in ihrem Leben mit derselben Hingabe und hat mir Folgendes erzählt:

Wenn ich meinem Hund in die Augen sehe und ihn streichele, stelle ich mir vor, wie dieses Streicheln allen Hunden auf der ganzen Welt zugutekommt.

Wenn ich den Bauch meines Schweines tätschele, stelle ich mir vor, wie Licht alle Schweine dieser Welt umfängt, vor allem auch die Tiere im Schlachthaus, aber auch die Menschen, die dort arbeiten.

Wenn ich meinen Pferden den Trog mit Wasser fülle, stelle ich mir vor, wie Licht in das Wasser fließt und wie dieses Licht alles Wasser dieser Welt erleuchtet.

Jeden Tag segne ich die Erde. Wenn ich mit meinem Hund spazieren gehe, segne ich die Erde und sage mit jedem Schritt Dank. Wenn mein Fuß die Erde berührt, sende ich den Segen tief ins Erdreich hinein. Mittlerweile habe ich das Gefühl, die Erde gibt mir diesen Segen zurück. Nun schicke ich mit dem rechten Fuß den Segen in die Erde und nehme mit dem linken Fuß die Kraft auf, die mir die Erde zurückgibt. Es ist, als hätte ich eine besondere Verbindung zu ihr, eine Art Stromkreis, der sich schließt.

Heidis Geschichte verdeutlicht sehr schön, was gemeint ist, wenn es heißt, dass der Segen zu uns zurückfließt, wenn wir der Welt voller Dankbarkeit begegnen. Im Winter macht Heidi folgende Übung: »Wenn es geschneit hat, gehe ich mit meinem Hund hinaus und schreibe in den frisch gefallenen Schnee: ›Frieden. Liebe. Weisheit. Freiheit. Freude.‹ Wenn dann die Sonne scheint, stelle ich mir vor, wie das Schmelzwasser die Energie dieser Worte in die Erde trägt.«

Diese Methode lässt sich leicht anderen Jahreszeiten anpassen: Wir schreiben die Worte in die Erde und stellen uns vor, wie ein warmer Frühlings-, Sommer- oder Herbstregen ihre Energie mit ins Erdreich nimmt.

Übung: Tränken wir die Erde mit den Wassern der Liebe

In einer einfachen und sehr schönen Übung geht es darum, das Leben mit Liebe gleichsam zu überschütten. Wir nutzen unsere Vorstellungskraft, um die Energie der Liebe zu verteilen.

1. Stellen Sie sich den Ort vor, an dem Sie leben, oder auch einen anderen Platz, den Sie sich für diese Übung ausgesucht haben.

2. Machen Sie sich mit allen Sinnen bewusst, wie es sich anfühlt, wenn Sie die Erde an diesem Ort mit Liebe tränken. Lassen Sie Ihre Liebe in die Pflanzen fließen, die Bäume, die Felsen, das Erdreich, das Wasser, die Luft, die Wolken.

3. Bevor Sie etwas zu sich nehmen, stellen Sie sich vor, wie Sie Ihrem Körper Nahrung in Form von Liebe, in Form von Wasser oder Luft zum Atmen zuführen. Alles, was Sie in irgendeiner Weise zu sich nehmen, nimmt die Energie der Liebe an.

4. Nun »gießen« Sie alle Menschen, die Sie lieben, alle schöpferischen Projekte, mit denen Sie zu tun haben, mit der Energie der Liebe. Geben Sie die Liebe gleichsam in alles, was Sie tun, und stellen Sie sich vor, wie nun das Resultat aussieht. Schenken Sie Ihre Liebe der Gemeinschaft der Menschen. Lassen Sie Ihre Liebe all jenen zuteilwerden, die mit Ihnen zusammen am großen Werk der Erhaltung der Erde und allen Lebens arbeiten.

Lassen Sie sich vom Leben nähren

Wir haben in dieser Welt meist nicht gelernt, wie wir uns vom Leben nähren lassen können. So werden wir abhängig von materiellen Gütern, weil wir glauben, diese würden uns nähren. Letztlich müssen wir aber lernen, uns auf unser inneres Strahlen zu verlassen. Doch darüber mehr in Kapitel 7.

Alles auf dieser Welt ist Licht. Wenn Sie die Form entfernen, die unser Körper oder jedes beliebige Ding auf dieser Welt besitzt, bleibt nur das geistige Licht übrig. Hinter allen Formen ist Licht. Wenn wir unser eigenes Licht erfahren und uns mit dem Licht des Lebens in Verbindung setzen, ändert sich unsere Wahrnehmung vom Leben. Wir öffnen den Weg zur Quelle geistiger Stärke, inneren Friedens und Wohlbefindens.

Wir können die äußere Welt nicht durch unseren Willen ändern. Wäre dies möglich, hätte sich die Welt schon geändert. Doch wir können lernen, uns vom Leben nähren zu lassen und es bewusst anzugehen, weil wir es achten und ehren. Auf diese Weise stellen wir für uns und den Planeten Gleichgewicht und Harmonie wieder her.

Übung: Öffnen Sie sich für die Liebe und das Licht des Lebens

In dieser Übung geht es darum, die Liebe und das Licht des Lebens aufzunehmen. Nehmen Sie sich anfangs jeden Tag ein paar Minuten dafür Zeit. Nach und nach sollten Sie die Phase, in der Sie im Licht des Lebens baden, allerdings immer mehr verlängern. Dann wird Ihnen der Inhalt der Übung bald zur Lebenseinstellung.

1. Wenn Sie in der freien Natur spazieren gehen, stellen Sie sich vor, wie Sie Licht und Liebe aus der Erde aufnehmen, die beides bereitwillig mit Ihnen teilt.
2. Während Sie essen, stellen Sie sich vor, wie Sie das Licht der Nahrung in sich aufnehmen.
3. Während Sie trinken oder baden, spüren Sie, wie Licht und Liebe des Wassers auf Sie übergehen. Fühlen Sie, wie dieses Licht Sie nährt.
4. Spüren Sie, während Sie atmen, die innige Verbindung mit der Luft. Atmen Sie ihr Licht ein. Fühlen Sie, wie das Licht der Luft Sie nährt.
5. Wenn Sie draußen spazieren gehen, nehmen Sie Liebe und Licht der Sonne auf. Die Sonne gibt unterschiedslos allen Lebewesen die Energie, die sie zum Leben brauchen.
6. Nachts stellen Sie sich vor, wie Sie das Licht von Mond und Sternen aufnehmen. Spüren Sie, wie viel Kraft Ihnen dieses Licht schenkt.

Ehrfurcht vor dem Leben empfinden

Wie erwähnt strahlen Menschen aus indigenen Kulturen häufig ein inneres Licht aus, das über ihre Möglichkeiten in der materiellen Welt weit hinausgeht. Ich habe Jahre damit zugebracht herauszufinden, was mich selbst davon abhält, die gleiche Freude, das gleiche Licht auszustrahlen. Es gelingt mir zwar immer für kurze Zeit und auch, während ich ein Seminar halte, doch ich musste mich wirklich intensiv mit dieser Frage auseinandersetzen, um zu erkennen, was mich davon abhält, die ganze Zeit über Freude und Liebe zu empfinden.

Ich musste an meine Kindheit denken. Als Kind lebte ich in einem fort in einem Zustand von Ehrfurcht vor dem Leben. Alles, was ich tat, fand ich toll, ob ich nun turnte, schrieb oder zeichnete. Die Schönheit der Bäume, Blumen, Tiere, die wunderschönen Gesänge der Vögel, die ich jeden Morgen hörte, empfand ich als reines Wunder.

Die Frage war also, wann ich gelernt hatte, dieses Gefühl in mir zu ersticken. Irgendwann hinderte mich meine Angst vor dem Versagen daran, weiter aufregende, neue Dinge zu unternehmen. Ich musste herausfinden, wann ich begonnen hatte, dem Leben mit Trägheit zu begegnen und meine Freude zu ersticken.

Ich dachte auch darüber nach, wie wir insgesamt heute leben. In den Augen vieler Menschen ist nur Leere. Die meisten Leute, denen ich begegne, gehen mit gleichgültigem Blick durchs Leben.

Was ist passiert? Wo ist unser Sinn für das Wunder des Lebens geblieben? Wo ist die Aufregung angesichts seiner Versprechungen? In den frühen Siebzigerjahren verbrachte ich den Großteil meiner Zeit in

San Francisco. Einige Monate im Jahr lebte ich jedoch bei einem Freund in der Nähe des Mount Shasta im Norden Kaliforniens. Ich empfinde dies als außergewöhnlichen Ort. Es ist eine unglaubliche Erfahrung, Morgen für Morgen zu erwachen und diesen Berg zu sehen. Als ich zum ersten Mal dorthin kam, hatte ich meine Wohnung im New Yorker Stadtteil Brooklyn erst ein Jahr zuvor aufgegeben. Ich war es einfach nicht gewöhnt, in solch einer wunderschönen Landschaft leben zu dürfen.

Ich weiß noch, wie ich einen Freund dort fragte, ob für ihn diese Schönheit nicht längst etwas Selbstverständliches geworden war. Oder ob auch er – wie ich – Morgen für Morgen voller Ehrfurcht erwachte. Ich glaube, meine Frage hat ihn ziemlich überrascht.

Wenn wir das Leben und seine Gaben für selbstverständlich halten, verlieren wir das Gespür für all das, was die Erde und das Leben uns schenken. Wie aber können wir uns dieses Gefühl wieder zurückholen?

Nehmen Sie sich die Zeit, um über diese Frage nachzudenken. Lassen Sie das Leben und seine Schönheiten mittlerweile kalt? Oder wachen Sie jeden Morgen auf und wissen die Gaben der Natur und der Elemente zu schätzen? Oder begegnen Sie alldem, was die Erde uns Tag für Tag als Nahrung liefert, mit Ehrfurcht? Versetzt die Schönheit des Wassers Sie in Erstaunen? Wissen Sie die Luft zu schätzen, die Ihre Lungen füllt? Und spüren Sie die Lebenskraft, die die Sonne Ihnen Tag für Tag schenkt? Empfinden Sie Ehrfurcht angesichts der Schönheit der Natur?

Finden Sie heraus, wo Sie träge und apathisch geworden sind. Erspüren Sie, was Sie für selbstverständlich halten. Nehmen Sie Ihre Bereitschaft dazu als roten Faden, der Sie zurück zu einem Leben in Ehrfurcht und Erstaunen führt, einem Leben voller tief empfundener Freude.

5 ~ Wie Sie Ihre Grundprinzipien stärken

Wir haben Wege gefunden, wie wir unsere Einstellung, Stimmung und Wahrnehmung positiv beeinflussen können. Wenn wir unsere Denkmuster auf diese Weise verändern, schaffen wir damit eine gute Grundlage für unser Leben. Denken Sie an die Worte von Emmet Fox: »Es ist unmöglich, an eine Sache zu denken und eine andere zu erschaffen.«

Manche Formulierungen und Sätze sind regelrecht durchtränkt mit der Energie der Hoffnungslosigkeit: »Es ist ohnehin alles zu spät.« Oder: »Wozu soll das gut sein?« Wenn wir also der festen Überzeugung sind, dass unser Beitrag viel zu klein ist und außerdem zu spät kommt, können wir nicht die Energie schaffen, die zum gewünschten Resultat führt.

Beruht unsere schöpferische Arbeit jedoch auf positiven Gedanken und Worten, lassen wir so viel Energie in den Erdheilungsquotienten fließen, dass sich das gewünschte Ergebnis von selbst einstellt.

Übung: Wie wir hinderliche Gedanken durch positive ersetzen

Denkgewohnheiten zu ändern erfordert Geduld und ein gewisses Training. Die folgende Übung ist dabei sehr hilfreich.

1. Gewöhnlich gewinnen hinderliche Denkmuster die Oberhand, wenn wir im Laufe des Tages immer wieder über Themen wie den Klimawandel, Gewalt, Missbrauch, Wirtschaftsprobleme und Ähnliches hören. Wählen Sie zunächst geeignete positive Gedanken aus, mit denen Sie diese schädlichen Muster ersetzen können.
2. So könnten Sie beispielsweise mit dem folgenden Satz arbeiten: »Ich bin ein Lichtwesen. Ich lasse mein Licht voller Freude in der Welt leuchten.«

Ich möchte Sie nochmals darauf hinweisen, dass es hier nicht darum geht, den Zustand unserer Welt zu leugnen. Bei dieser Übung lenken wir unsere Gedanken nur fort von der Götterdämmerungs-Stimmung hin zu einer Welt voller Möglichkeiten. Auf diese Weise schaffen wir neue neuronale Pfade im Gehirn.

Zu Anfang ist dies harte Arbeit, doch mit der Zeit wird es immer leichter.

Übung: Finden Sie Ihre Kraftsätze

Wählen Sie in einem zweiten Schritt Sätze, die Ihren festen Glauben an einen »Sieg« zeigen. Ein paar Beispiele:

– Der Mensch verfügt über unendliche Kreativität. Wir schaffen eine positive Welt.
– Liebe heilt alle Wunden.
– Leben ist Licht. Ich lasse mein Licht in der Welt leuchten, so dass es das gesamte Netz des Lebens befruchtet.
– Liebe und Licht hüllen uns ein und erfüllen das ganze Sein.

Lassen Sie sich von diesen Beispielen zu eigenen Sätzen inspirieren. Oder blättern Sie zurück zu Kapitel 1, wo wir an der Zeichnung zum Fluss des Lebens gearbeitet haben.

Vermeiden Sie dabei das Wort *nicht*. Statt zu sagen: »Es ist nicht alle Hoffnung verloren«, versuchen Sie es lieber mit: »Veränderung ist machbar.«

1. Schreiben Sie diese siegessicheren Sätze auf, und platzieren Sie die Zettel dort, wo Sie ihnen immer wieder ins Auge fallen. Wir brauchen diese kleinen »Erinnerungshilfen«, um neue Karten für unser Leben zu zeichnen.
2. Achten Sie darauf, dass Ihre Worte und Sätze mit Ihren Absichten in Einklang stehen. Fragen Sie sich: Wo

führt diese Art zu denken hin? Münden meine Gedanken etwa in eine Sackgasse? Folgen sie tatsächlich dem Pfad der unbegrenzten Möglichkeiten? Schafft mein Denken Wege, auf denen wir alle in Schönheit gehen können?

Diese Praxis wird Ihr Gefühl dafür, was Sie in der Welt und in Ihrem Leben verändern können, vollständig umwandeln.

Alles, was in unserem Leben geschieht, ob es nun alltägliche Dinge oder ungewöhnliche Ereignisse sind, gibt uns die Möglichkeit, uns im neuen Denken zu üben und unsere Entschlossenheit zu testen. Ich wünschte mir beispielsweise für eine bestimmte Wahl in den USA von Herzen ein ganz bestimmtes Resultat. Ich hatte das Gefühl, dass wir Amerikaner als Kollektiv vor einer wichtigen Entscheidung standen: Wollten wir uns auf eine Zukunft voller unbegrenzter Möglichkeiten zubewegen oder würden wir der Angst erlauben, uns geradewegs in die Vergangenheit zurückzubefördern? Als der Tag der Wahl näher rückte, schwankte ich tagelang zwischen Hoffen und Bangen.

Am Vortag des Ereignisses legte ich Musik auf und traf mich mit meinem Helfer. Ich spürte sofort die Gegenwart dieses weisen Wesens, mit dem ich schon seit mehr als zwanzig Jahren arbeite. Sie deutete auf eine Garnspindel auf dem Boden und meinte, darin stecke das von mir gewünschte Resultat. Und sie fragte mich, aus welchen Gedanken ich denn das Garn spinnen würde. Wie Schuppen fiel es mir von den Augen: Mein Denken stand nicht im Einklang mit meinem Wunsch. Ich musste verändern, was ich in das Garn »einsponn«!

Je mehr unsere spirituelle Praxis Körper und Geist mit einbezieht, desto mehr Energie fließt in unsere Arbeit.

Übung: Wie Sie die eigene Entschlusskraft testen

1. Suchen Sie sich ein Woll- oder Garnknäuel, das bildlich eine gesunde Erde darstellen kann. Oder Sie malen diese gesunde Erde auf ein Blatt Papier. Natürlich können Sie sie auch mit Worten beschreiben, wenn Sie möchten.

2. Suchen Sie für dieses Symbol einen schönen Platz in Ihrer Wohnung.

3. Nun befestigen Sie an Ihrem Symbol Garn- oder Wollfäden, die ganz bestimmte Gedanken repräsentieren. Einige davon stehen im Einklang mit Ihrem Wunsch, andere stellen hinderliche Gedanken dar.

4. Nehmen Sie sich tagsüber immer wieder ein paar Minuten Zeit, um darüber nachzudenken, welche Fäden Sie an diesem Tag verstärkt haben: die positiven oder die negativen? Machen Sie diese Übung vor allem am Abend.

5. Versuchen Sie ein klares Gefühl dafür zu bekommen, wie diese Gedankenstränge auf Ihr Ziel einwirken. Damit können Sie Ihre tägliche Praxis besser Ihren Absichten

anpassen. Auf diese Weise tragen Sie zu dem gemeinsamen Ziel bei, mit unserer Arbeit positive Veränderungen für den Planeten zu bewirken.

Handarbeit

Handarbeit hilft mir immer, mich auf solche Gedanken zu konzentrieren, die die spirituelle Energie zur Heilung der Erde in sich tragen.

Am beruhigendsten ist dabei das Spinnen. Ich arbeite am Spinnrad, um aus einzelnen Fäden Garn zu spinnen. Dabei lasse ich Wörter und Begriffe mit ihrer Energie einfließen. Ich wiederhole beispielsweise Wörter wie »Freude«, »Liebe«, »Licht«, »Strahlen« oder »Schönheit«, während ich spinne. Ich kann spüren, wie die heilsame Energie in das Garn einfließt.

Dann häkle ich mit diesem Garn. Auch dabei wiederhole ich die heilsamen Worte und schicke sie in jede einzelne Masche.

Fertigen Sie ein Erdheilungsarmband

Ich gebe auch Spinnkurse. In einem meiner Workshops bat ich die Teilnehmer, sich gegenseitig Armbänder herzustellen. Diese erinnerten uns daran, dass wir stets achtsam unsere Gedanken beobachten sollten. Wann immer unser Blick auf das Armband fiel, sollten wir uns bewusst machen, was wir denken. Falls nötig, veränderten wir die Gedanken, so dass sie unsere positiven Wünsche für uns und die Erde verstärkten. Auf diese Weise wurde jeder stets daran erinnert zu prüfen, ob seine Gedanken und Vorstellungen wirklich zu den eigenen Absichten passten.

Selbstverständlich können Sie, statt zu spinnen, auch stricken, Makramee häkeln, sticken oder Borten flechten. Sie können ein einfaches Band zu einem Armband verknoten. Oder Sie biegen Draht in eine Form, die Ihnen gefällt. Stellen Sie das Erdheilungsarmband aus dem Material her, das Ihnen am meisten zusagt. Tragen Sie es am Handgelenk. Wann immer Ihr Blick darauf fällt, fragen Sie sich, was Sie gerade denken.

Handarbeit kann Ihre Tätigkeit für die Heilung der Erde auf mannigfaltige Weise unterstützen. Lassen Sie einfach Ihre Fantasie spielen. Wie können Sie Ihrer Hände Arbeit dazu benutzen, dass Ihr Geist ruhig und meditativ wird? Lassen Sie Ihre gesammelte Heilenergie in das einfließen, was Sie schaffen. Und vergessen Sie nicht, diesen Gegenstand anschließend auch zu tragen (oder ihn an jemanden zu verschenken, der ihn trägt), damit Sie immer daran erinnert werden, Ihre Gedanken mit Ihren Absichten in Einklang zu bringen.

In Kapitel 3 habe ich Ihnen vorgeschlagen, sich für eine gewisse Zeit der globalen Nachrichtenflut zu entziehen, während Sie versuchen, mehr spirituelle Praxis in Ihren Alltag zu integrieren. In dieser Zeit ist es häufig auch sinnvoll, das eigene Leben so weit als möglich zu vereinfachen. Versuchen Sie Ablenkungen von außen möglichst zu vermeiden. Wir brauchen Ruhe und Raum, um uns darin zu verankern, während wir mit heilsamen, positiven und inspirierenden Gedanken arbeiten. Nachstehend ein paar Vorschläge dafür, wie Sie Ihre Mitte finden können:

– Lesen Sie inspirierende Bücher, die die heilsame Energie verstärken.
– Gönnen Sie sich ein wenig Handarbeit: zeichnen, malen, schnitzen, töpfern, schreiben, stricken, häkeln oder sticken Sie, vielleicht auch mit Perlen, oder arbeiten Sie in Haus und Garten.
– Spielen Sie ein Instrument.
– Hören Sie ruhige Musik, die positive Gedanken in Ihnen erweckt.
– Umgeben Sie sich mit schönen Bildern und inspirierenden Worten, die Ihnen helfen, sich auf das zu konzentrieren, was die Erde heilen kann. Öffnen Sie sich diesen Gedanken, so dass sie Teil Ihrer inneren Welt werden, damit die neue Welt von innen heraus wachsen kann.

Ich versuche, den Informationsfluss von außen oder andere Eindrücke möglichst gering zu halten. Wenn ich die Nachrichten ansehe, häkle ich. Auf diese Weise kann ich mich weiter auf die Hoffnung konzentrieren und die Erde mit Liebe tränken, wie schrecklich die Dinge auch sein mögen, die ich sehe. Mit jeder Masche wiederhole ich einen meiner Kraftsätze. Rund um mich platziere ich positive Worte, die mich an meine spirituelle Arbeit erinnern, an das Bewusstsein, das zur Heilung nötig ist. Mit der Zeit ist es mir gelungen, meinen Geist so zu schulen, dass meine Gedanken und Gefühle tatsächlich in Einklang stehen mit der Welt, die ich schaffe und in der ich leben möchte, ganz egal, was in der Außenwelt geschieht.

Am Ende dieses Kapitels möchte ich Ihnen eine kleine Geschichte erzählen: Eine tibetische Nonne war von den Chinesen wegen ihres Glaubens ins Gefängnis gesteckt worden, wo sie vieles zu erdulden hatte. Um sich selbst Tag für Tag Heilung zu schenken, wiederholte sie folgende Worte:

Danke für alles. Was es auch ist, ich kann nicht klagen. Amen.

6 ~ Trauer und Enttäuschung umwandeln

Wir können und wollen sicher nicht alles kontrollieren, was uns im Leben widerfährt. Tragödien geschehen nun einmal. In solchen Zeiten stellen wir uns oft die Frage: Warum? Doch gerade darauf gibt es keine Antwort. Manchmal bleibt uns nichts anderes übrig, als unser Schicksal in die Hände der höheren Mächte im Universum zu legen.

Wie aber schaffen wir es, uns im entscheidenden Moment daran zu erinnern?

Indem wir weiter daran arbeiten, die Welt durch die Augen Gottes zu sehen (oder jene der Göttin oder der schöpferischen Kräfte des Universums). Indem wir versuchen, das große Ganze zu verstehen, das dahintersteht.

Viele von uns kennen diese Augenblicke, in denen wir unser begrenztes Denken abstreifen und plötzlich zu einer Einsicht gelangen, die uns zeigt, dass das Leben mehr ist als das, was unser begrenzter Verstand davon zu begreifen meint. Doch natürlich ist dazu der Wille nötig, uns ganz dem zu überlassen, was ist, ohne alles vollkommen verstehen zu wollen. Der Mensch wächst am Schmerz. Dies ist keineswegs die einzige Möglichkeit zum Wachstum, doch häufig ist uns eben dieser Weg beschieden. Manchmal wachsen wir nicht aus eigener Entscheidung, sondern weil wir dazu gezwungen werden. Wir verwandeln uns durch eine Reihe kleiner Tode.

Wir sind Teil der Natur, und es gibt im Leben Zyklen, Kreisläufe von Leben und Tod. Sehen Sie sich nur die Jahreszeiten an. Frühling und Sommer bringen eine Fülle an Blumen hervor, die wiederum Samen tragen. Diese fallen im Herbst auf die Erde und sinken ein in die Dunkelheit des Winters. Doch das Wachstum des Keimlings beginnt schon in der dunklen Jahreszeit.

Der Tod ist kein wie auch immer bedingtes Versagen. Natürlich müssen wir darauf achten, dass wir als Menschen nicht Tieren, Bäumen, Sträuchern und anderen Wesen Tod und Verderben bringen. Doch der Tod als solcher ist Teil der Natur. In den indigenen Kulturen wird der Tod als Übergang in eine andere Welt betrachtet, nicht als Endpunkt des Lebens. Der Tod ist ein Initiationsritus.

Durch den Tod entsteht etwas anderes. Waldbrände sind dafür ein gutes Beispiel. Manche Samen zum Beispiel brauchen die Hitze des Feuers, um überhaupt keimen zu können. Im Wald vernichtet Feuer das Unterholz und damit die alten Äste und Zweige. Das Licht dringt nun bis zum Boden. Neues Leben entsteht. Wir trauern um das Leben, das durch das Feuer zerstört wurde, doch für die Erde ist das Feuer gesund.

Wenn wir uns nur auf das konzentrieren, was wir verloren haben, vergessen wir häufig, dass das alte Leben neuem Platz macht. Wir müssen lernen, wie wir die Trauer über den Verlust kostbaren Lebens und Besitztums ausdrücken können. Trauer zu unterdrücken ist nicht gesund. Als Psychotherapeutin und spirituelle Lehrerin habe ich schon manchen Menschen gesehen, der durch die Unterdrückung der eigenen Trauer über den Verlust eines nahestehenden Menschen krank wurde. Eine solche Krankheit macht sich oft erst Monate oder Jahre nach dem Verlust bemerkbar, und doch hat sie ihre Wurzeln in der nicht ausgedrückten Trauer. Alle Lebewesen trauern. Ich lebe mitten in der Natur, an einem sehr schönen Ort in der Nähe von Santa Fe. Dort nehme ich mir jeden Tag Zeit, Dank zu sagen für mein Leben, für das Land, auf dem ich lebe, und die Lebewesen, die es mit mir teilen. Ich sehe immer wieder, wie auch sie trauern. Manchmal geschieht es, dass ein Vogel stirbt oder verletzt wird. Dann erklingt tagelang das Klagen des Partners. Ich habe gesehen, wie ein Rabe ein Eichhörnchenjunges entführte. Die Mutter stand auf einem Felsen und klagte um ihr Kleines. Alle Wesen in der Natur trauern um ihre Verluste. Das gehört zum Kreislauf des Lebens. Alles, was eine körperliche, materielle Form hat, ist dem Tod unterworfen. Alles, was stirbt, geht in eine transzendente Wirklichkeit ein, wo der Geist dieses Geschöpfes weiterlebt. Diejenigen aber, die überleben, müssen sich verabschieden, und sie müssen trauern. Gleichzeitig dürfen wir nicht in der Trauer verharren. Wir dürfen nicht vergessen, dass derselbe Zyklus der Natur auch ermöglicht, dass Neues geboren wird.

Wir werden Zeuge, wie Arten verschwinden, wie sich aufgrund des Klimawandels ganze Landstriche verändern. Dies ruft eine tiefe Trauer in uns hervor, der wir Ausdruck verleihen müssen. Doch wir dürfen dabei nicht vergessen, dass die Erde ohnehin dem Prinzip der Evolution gehorcht und sich wandelt. Einerseits haben wir uns den Veränderungen anzupassen, die neues Wachstum für die Erde und das Leben im Allgemeinen bringen. Andererseits sollten wir an unserer schöpferischen Arbeit festhalten, da neues Leben in erster Linie aus Worten und Gedanken entsteht. Es ist alles eine Frage des Gleichgewichts. Wir müssen unsere Arbeit tun. Und wir müssen uns der Perspektive öffnen, dass neues Leben aus dem entsteht, was stirbt. Auf diese Weise überstehen wir auch schwere Zeiten.

Als man Mahatma Gandhi fragte, ob er denn glaube, dass sein Werk dazu beitragen würde, dass England den Indern ihre Unabhängigkeit gebe, antwortete er, er habe sich nie auf das Resultat konzentriert. Er habe, so sagte er, seinen Beitrag geleistet aus dem Glauben heraus, dass er auf der Welt sei, um zu dienen, und weil es richtig sei, es zu versuchen.

Enttäuschungen »wahrhaben« wollen und trotzdem weitermachen

Wenn wir das Gefühl haben, unser Leben verändert sich nicht so, wie wir es uns vorgestellt haben, wenden wir uns vielleicht vom spirituellen Pfad ab. Doch gerade in Zeiten der Enttäuschung ist es entscheidend, sich die eigenen Gefühle bewusst zu machen. Außerdem müssen wir die Kraft der Beständigkeit zu unserem Verbündeten machen. Immer öfter höre ich in letzter Zeit den Satz: »Wir müssen weitermachen.«

In meinen Workshops habe ich Menschen über viele Jahre die Grundprinzipien schamanischen Arbeitens vermittelt. Und ich habe andere, die sich auf dem schamanischen Pfad als Lehrer betätigten, immer ermutigt, ihre Kurse auch abzuhalten, wenn sich nur wenige Teilnehmer dazu angemeldet hatten. Wer sich nicht beirren ließ und die geplanten Seminare auch durchführte, machte die Erfahrung, dass sich mit der Zeit immer mehr Schüler einfanden. Diejenigen aber, die diesen Rat nicht befolgten, konnten ihre Lehrtätigkeit nie richtig ausbauen. Wir müssen lernen, bei dem zu bleiben, was wir tun, selbst wenn der Wandel sich nicht so schnell vollzieht, wie wir uns dies wünschen. Veränderungen können explosionsartig eintreten, oder sie vollziehen sich in winzigen Schritten. Mit Sicherheit jedoch bringt es nichts, wenn wir unsere Bemühungen einstellen. Wie gering wir selbst den Wert unserer Anstrengungen veranschlagen, wir sollten doch nie aufhören, die Menschen um uns herum an diese neuen Ideen heranzuführen. Dies setzt natürlich den Glauben an eine steigende Zahl von aufgeschlossenen Zuhörern voraus. Als ich in den Achtzigerjahren begann, schamanische Techniken zu unterrichten, waren diese im Westen vollkommen unbekannt. Heute wird der Begriff »Schamane« sogar von der Werbung benutzt. Schamanen treten in Fernsehsendungen auf und zeigen, wie sie arbeiten. Darin wird deutlich, wie sehr das Bewusstsein der Menschen sich in den letzten Jahren gewandelt hat. Worte und Begriffe, die ich früher wortreich erklären musste, sind heute ganz selbstverständlich geworden. Wenn ich sehe, wie schnell dieser Bewusstseinswandel vonstattengegangen ist, wage ich mir kaum vorzustellen, wie es weitergehen könnte.

Ja, Wandel, wohin das Auge reicht. Und doch: Wenn ich die Nachrichten verfolge und all das Elend sehe, wenn ich sehe, wie Freunde und Verwandte von Leid getroffen werden, frage ich mich manchmal, ob ich genug tue. Was aber könnte ich denn noch tun? Tatsache ist nun einmal, dass ich den Wandel in der Welt nicht herbeizwingen kann. Ich kann nur ändern, wie ich auf das Leid reagiere. Das ist alles, worauf ich wirklich Einfluss habe: Ich kann das Licht in mir entdecken und dafür sorgen, dass es in die Welt strahlt. Und wenn ich das Gefühl habe, dass nichts richtig läuft, dann muss ich mich gerade in solchen Zeiten auf die Dinge konzentrieren, die gut gehen.

Sich auf das zu konzentrieren, was funktioniert, öffnet uns eine Tür, hinter der ein neuer Weg für uns liegt. Dort kann die Energie weiter fließen. Das Problematische an Enttäuschungen ist eben, dass sie uns häufig von dem ablenken, was gut läuft. Enttäuschung ist ein Zustand, der uns zur Resignation verleitet. Doch gerade wenn wir besonders enttäuscht sind, ist es nötig, tief in die Trickkiste zu greifen und das hervorzuholen, was wir emotional und spirituell gelernt haben. Nur so kommen wir voran und bahnen weiterhin Wege auf unser Ziel hin.

Wenn Sie gerade eine Phase der Enttäuschung durchleben, dann schmücken Sie Ihre Umgebung mit inspirierenden Zitaten, die Ihnen Kraft auf dem Weg schenken. Der Schreibtisch in meinem Büro ist voll mit gelben Haftnotizzetteln, auf denen die Botschaften meiner Helfer stehen. Es sind auch Zitate dabei, die ich irgendwo gelesen oder gehört habe. Sie ermuntern mich, den nächsten Schritt zu tun, wenn ich nicht weiterweiß. Wir müssen nur daran arbeiten, unsere inneren Dialoge so zu verändern, dass sie um Fülle, Erfolg, Mut, Begeisterung und Frieden kreisen.

Wie Sie Kindern durch Enttäuschungen helfen

Kinder, vor allem jene im Vorschulalter, brauchen Hilfestellung, wenn es um den Umgang mit der eigenen Trauer oder Enttäuschung geht. Wenn beispielsweise eine Zeichnung nicht so schön geworden ist, wie das Kind sich das vorgestellt hat, sollten wir es auf jeden Fall daran hindern, das Ergebnis seiner Bemühungen zu zerstören. Zeigen Sie dem Kind vielmehr einen Weg, mit dem Problem umzugehen. Auf diese Weise sorgen Sie dafür, dass Trauer und Enttäuschung den kreativen Impuls nicht unterminieren. Stellen Sie sich vor, das Kind malt etwas und zerreißt dann das Papier. Sagen Sie nicht: »Dann fang doch von vorn an.« Suchen Sie lieber einen Weg, wie Sie die Situation kreativ umwandeln können. Zum Beispiel: »Es würde mich ja interessieren, wie das Ganze von hinten aussieht.« In diesem Fall retten Sie das kreative Projekt und zeigen dem Kind, dass es auch noch einen anderen Blickwinkel gibt. Das Kind gibt nicht auf und gewöhnt sich solche Verhaltensweisen gar nicht erst an.

Wenn Kinder schon im Vorschulalter lernen, ihre

kreativen Projekte zu retten, wenn etwas schiefläuft, werden sie auch im späteren Leben schwierige Situationen nicht als Scheitern betrachten. Möglicherweise sind sie traurig oder enttäuscht, aber sie werden versuchen, aus ihrem Werk das Beste zu machen. Das ist die eigentliche Kunst: eine Sache aus verschiedenen Blickwinkeln sehen zu können.

Wenn das Kind später in die Schule geht, kann es sein, dass es sich etwas innig wünscht und auch auf kreative Weise – allerdings ohne Erfolg – versucht hat, seinen Wunsch Wirklichkeit werden zu lassen. Stellen Sie ihm in dieser Situation folgende Fragen:

»Was ist denn passiert?«

Hat das Geschehene irgendetwas Gutes gebracht?

Ist das Kind schon zehn oder elf Jahre alt, können Sie es bitten zu überlegen, warum sein Wunsch wohl nicht Wirklichkeit geworden ist. Ermutigen Sie es herauszufinden, ob es nicht eine bessere Möglichkeit gibt. Mit kleinen Kindern funktioniert dies noch nicht, weil sie noch keine Vorstellung von der Zukunft haben. Die etwas älteren aber haben bereits gelernt, in diese Richtung zu denken. Kinder, die lernen, auf kreative Weise mit ihren Problemen umzugehen, werden als Jugendliche nicht dazu neigen, ihre unerfüllten Wünsche abzuwerten. Statt sich zu sa-

Hat das Geschehene irgendetwas Gutes gebracht?

gen, dass es dumm war, an deren Erfüllung zu glauben, setzen sie sich mit der Idee auseinander, dass möglicherweise etwas Besseres auf sie wartet.

Es ist wichtig, dass wir unsere Kinder lehren, sich ihre Kreativität zu bewahren, sonst fehlt es ihnen vielleicht an Mut, sich ihre Welt zu er-träumen.

Rituale für den Umgang mit Enttäuschungen

Natürlich möchten wir alle, dass unsere Träume Wirklichkeit werden, aber nicht alles, was wir uns wünschen, wird sich auch realisieren lassen. Dies ist ein Teil unseres Lebens, und wir müssen lernen, damit umzugehen. Vielleicht ist die richtige Zeit für unseren Wunsch noch nicht gekommen. Oder wir wünschen uns etwas, das nicht zu unserem Besten ist. Vielleicht wartet auch etwas viel Besseres, das aus unseren knospenden Träumen entstehen wird.

Natürlich empfinden wir Trauer oder Enttäuschung, wenn unsere Träume nicht wahr werden. Es gibt ein paar einfache Rituale, die uns hier helfen können. Ihr Ziel besteht darin, dass wir uns unserer Gefühle bewusst werden, dann aber durch sie hindurchgehen, damit sie sich wandeln können. Wie ich schon sagte, haben all unsere Gefühle – freudvolle und schwierige – ihre eigene Energie. Gerade bei schwierigen, schmerzvollen Empfindungen müssen wir diese Energie aufarbeiten, damit wir sie nicht in die Welt hinaussenden. Wir müssen sie umwandeln, sie zu Licht werden lassen.

Im Folgenden finden Sie ein paar Vorgehensweisen, wie Sie Gefühle *ausdrücken* und ihre Energie umwandeln können. Diese Rituale eignen sich auch gut für Kinder, für die ich sie auch ursprünglich entwickelt habe. Wenn die Beschreibungen zu einer persönlicheren Gestaltung der Rituale anregen, dann ist dies gut so.

Übung: Streifen Sie Gefühle von Trauer und Enttäuschung ab

Negative Gefühle abzustreifen stellt ein sehr heilsames Ritual dar, das Schwere und Trauer aus dem Energiefeld um unseren Körper entfernt. Formulieren Sie in einem Gebet die klare Absicht, dass diese Gefühle in Licht oder heilsame Energie umgewandelt werden mögen. Dieses Ritual ist speziell dafür gedacht, jemand anderem zu helfen. Sie können es für eine Freundin, einen Freund oder ein Familienmitglied durchführen, aber auch jemanden bitten, es für Sie zu tun.

Zuerst suchen Sie sich eine Feder, mit der Sie arbeiten wollen. Gehen Sie im Park spazieren. Dort finden sich meist unterschiedliche Vogelfedern. Die von Gänsen eignen sich wunderbar, weil sie so einen kraftvollen Kiel haben und schwungvolle Bewegungen erlauben. Finden Sie keine Feder in der Natur, rupfen Sie einfach Ihren Staubwedel, auch das ist erlaubt. Im Grunde ist jede Feder geeignet. Vorsichtig sollten Sie nur mit gekauften Federn sein. Viele Vögel werden heutzutage nur deswegen getötet, weil man mit ihren Federn Geld machen will. Da wir ja unsere Erde und uns selbst heilen möchten, wollen wir nicht verantwortlich für den Tod anderer Lebewesen sein. Wenn Sie also eine Feder kaufen müssen, versuchen Sie herauszufinden, woher sie stammt.

Es hat sich also eine Feder gefunden, und es gibt eine Person aus Ihrem Freundeskreis oder Ihrer Familie, die mit Ihnen arbeiten möchte. Nun tun Sie Folgendes:

1. Bitten Sie die andere Person, sich auf einen Stuhl zu setzen und sich ihre Gefühle zu vergegenwärtigen.

2. Wir alle sind von einem Energiefeld umgeben, das unsere Haut umschließt. Wenn Sie diese Energie spüren wollen, reiben Sie die Hände aneinander.

3. Halten Sie die Hände so, dass die Handflächen etwa 15 bis 20 Zentimeter voneinander entfernt sind. Bewegen Sie sie dann ganz langsam aufeinander zu. Was empfinden Sie dabei? Nun nehmen Sie die Handflächen wieder auseinander. Achten Sie darauf, was Sie empfinden: Hitze, Kribbeln, eine Form von »Ladung«. Dies ist Ihr Energiefeld. Jetzt, da Sie das Gefühl kennen, können Sie auch das Energiefeld Ihres Partners besser erfühlen.

4. Halten Sie Ihre Feder etwa 15 bis 20 Zentimeter über den Kopf des Partners. Sie darf seinen Körper nicht berühren. Möglicherweise fühlt Ihr Partner einen leichten Druck, wenn Sie die Feder über seinem Scheitel halten.

5. Wenn Ihre Intuition Ihnen zeigt, dass Sie die Feder näher heranführen oder weiter entfernen sollen, dann tun Sie das. Folgen Sie Ihrem inneren Wissen. Vergessen Sie nicht, tief ein- und auszuatmen. Dies weckt Ihre intuitiven Kräfte.

6. Nun streifen Sie mit der Feder von dem Punkt über dem Scheitel langsam nach unten. Bleiben Sie im Energiefeld, bis Sie fast den Boden berühren.

7. Dann richten Sie sich wieder auf und fahren mit dem Abstreifen fort. Sie fangen am Scheitelpunkt an und streifen nach unten. Zuerst bearbeiten Sie den Rücken, dann die Seiten und schließlich wenden Sie sich der Vorderseite Ihres Partners zu. Konzentrieren Sie sich währenddessen darauf, dass die Energie der Trauer und Enttäuschung abgestreift und umgewandelt wird.

8. Machen Sie so weiter, bis Ihr Partner sich von Ruhe und Frieden erfüllt fühlt.

9. Machen Sie dann noch ein paar schnelle Gegenbewegungen. Streifen Sie von unten nach oben. Dies baut das Energiefeld des Partners auf. Er – oder sie – wird sich nach diesen letzten paar Strichen fröhlich und heiter fühlen.

Arbeit mit den Elementen

Wählen Sie eines der Elemente aus, wie Sie es bereits in Kapitel 2 getan haben.

Übung: Erde

Wir sagen von einem Freund oder Partner gerne, er oder sie sei unser »Fels in der Brandung«. Felsen schenken uns durch ihre Stabilität Sicherheit. Felsen schenken uns buchstäblich Unterstützung.

1. Suchen Sie sich einen Felsen. Gehen Sie in den Park, in den Wald, an den Strand oder in den Garten, um einen Felsen zu suchen, der Ihre Aufmerksamkeit auf sich zieht.
2. Danken Sie dem Felsen, weil er mit Ihnen arbeiten will.
3. Lassen Sie Ihre Gefühle in den Felsen einfließen.
4. Wenn es sich um ein kleineres Stück Stein handelt, können Sie es mit nach Hause nehmen. Legen Sie es an einen Ort, wo es täglich in Licht gebadet wird. Wenn Sie wieder Trauer und Enttäuschung empfinden, sprechen Sie mit dem Stein. Danach können Sie den Stein waschen, ihm danken und ihn an seinen Platz in der Natur zurücklegen. Größeren Felsen bringen Sie eine Opfergabe dar, bevor Sie sich von ihnen verabschieden.

Sie können sich auch vorstellen, an ihrem Lieblingsort in der freien Natur zu liegen. Lassen Sie all Ihre Gefühle in die Erde abfließen. Formulieren Sie bewusst die Absicht: Ihre Gefühle sollen damit, statt in der Erde »entsorgt« zu werden, in Licht und Liebe umgewandelt werden, so dass sie die Erde nähren.

Übung: Feuer

1. Nutzen Sie die Feuerrituale, mit denen wir bereits gearbeitet haben. Zünden Sie ein kleines Feuer an einem Platz draußen an. Sie können dazu auch einen Grill oder den Kamin zu Hause benutzen.
2. Suchen Sie sich einen Stock. Konzentrieren Sie sich auf Trauer und Enttäuschung, und blasen Sie diese dann entschlossen in den Stock ein.
3. Nun legen Sie den Stock ins Feuer und ersuchen es, Ihre Trauer in den Himmel zu tragen.
4. Bitten Sie darum, dass Ihre Gefühle in heilende Energie umgewandelt werden.
5. Wenn Sie fertig sind, danken Sie dem Feuer für seine Hilfe.

Es gibt noch andere Wege, mit Feuer zu arbeiten:

1. Machen Sie ein Feuer oder zünden Sie eine Kerze an. Konzentrieren Sie sich auf das Gefühl der Enttäuschung,

und richten Sie dabei den Blick in die Flammen. Lassen Sie das Gefühl von den Flammen verschlingen, bis Sie spüren, dass Ihr Ärger oder Ihre Trauer sich aufgelöst haben und Sie sich leichter fühlen.

2. Halten Sie den Blick weiter in die Flammen gerichtet, und horchen Sie nach innen: Nehmen Sie Botschaften der Hoffnung und Inspiration wahr? Der Blick ins Feuer führt häufig zu einem leichten Trancezustand, in dem die Pforten zur höheren Weisheit weit offen stehen. In diesem Zustand erfahren wir oft innere Führung.

3. Danken Sie dem Feuer für seine Unterstützung.

Übung: Luft

Ich nehme meist Seifenblasen, wenn ich mit Gefühlen von Trauer fertigwerden möchte und dazu mit dem Element Luft arbeiten will. Deshalb trage ich stets ein Röhrchen Pustefix bei mir. Wenn ich das Gefühl habe, am richtigen Ort angekommen zu sein, um meine Emotionen loszulassen, hole ich es heraus und erzeuge ein paar Seifenblasen.

1. Konzentrieren Sie sich auf Ihre Gefühle. Nun pusten Sie sie mit den Seifenblasen in die Luft.

2. Formulieren Sie die klare Absicht, dass die Luft diese Gefühle mitnehmen und in leuchtende Energiefunken umwandeln soll.

3. Wenn die Blasen platzen, sind in der Luft häufig winzige Lichtsprenkel zu sehen. Stellen Sie sich vor, diese Lichtsprenkel stünden für die Energie der transformierten Gefühle.
4. Vergessen Sie nicht, der Luft für ihre Hilfe zu danken.

Eine andere Form der Arbeit mit Luft ist die Nutzung des Windes. Sie haben zum Beispiel mit Trauer und Enttäuschung zu kämpfen, und es kündigt sich ein windiger Tag an. Stellen Sie sich im Freien an einen Platz, wo sie dem Wind vollkommen ausgeliefert sind, lassen Sie ihn Ihre negativen Gefühle mitnehmen und sie umwandeln. Auch hier danken Sie am Ende dem Wind für seine Unterstützung.

Übung: Wasser

Ein einfaches Wasserritual ist eine Dusche oder ein Bad. Bitten Sie das Wasser, Ihren Schmerz mitzunehmen und ihn in Liebe, Licht oder heilsame Energie zu verwandeln.

Danken Sie dem Wasser, weil es Sie reingewaschen hat.

Oder Sie führen folgendes Ritual durch:

1. Besorgen Sie sich eine Sprühflasche, wie sie zum Besprühen von Pflanzen benutzt werden. Keine besonders

schwere, sondern eine einfache Flasche mit einer verstellbaren Düse für den Sprühnebel. Füllen Sie die Flasche mit Wasser. Wenn Sie wollen, können Sie das Wasser zusätzlich leicht mit Duftessenzen versetzen. Gut sind hier Rosen- oder Lavendelduft.

2. Nun besprühen Sie Ihr Energiefeld. Oder lassen Sie jemand anderen dies tun, wenn es sich so herum besser anfühlt. Spüren Sie, wie das Wasser die negativen Energien aus dem Feld herauslöst. Ihr Schmerz verwandelt sich.

3. Danken Sie dem Wasser für seine Hilfe.

Wasser ist ein idealer Helfer zum Reinigen und Nähren.

Tappen Sie nicht in die Bewertungsfalle

Wenn wir den Erfolg unserer Arbeit nur an dem messen, was in der Außenwelt sichtbar wird, sind gelegentliche Enttäuschungen programmiert. Denn in Wirklichkeit verfügen wir keineswegs über alle Informationen, die wir zu einer korrekten Beurteilung benötigen würden. Vielleicht hat unser Tun ja eine Katastrophe verhindert. Oder einen Krieg. Schließlich können wir nicht wissen, was ohne unsere Bemühungen hätte passieren können. Das Beste, was wir tun können, ist, uns auf unseren Herzenswunsch für unsere Erde zu konzentrieren. Malen Sie sich dieses Bild so lebhaft wie möglich aus. Die wirtschaftlichen Probleme, mit denen wir heute konfrontiert sind, sollten uns klarmachen, dass wir eine gesündere und ausgeglichenere Lebensweise brauchen. Auf diese Weise können wir auch in schweren Zeiten für Wachstum und Entwicklung sorgen.

Vergessen Sie nicht: Alles, was uns in der Außenwelt begegnet, hat seine Wurzeln in uns. Machen Sie sich Ihre Gefühle bewusst, wenn Sie Enttäuschungen oder Verluste erleben. Aber lassen Sie niemals in Ihrer Arbeit am Innenleben nach. Zeigen Sie Beständigkeit und Ausdauer in Ihren Bemühungen um inneren Fortschritt. Eben dies brauchen wir, damit der Erdheilungsquotient sich erhöht.

Vergebung

Alles, was uns geschieht *und was je geschehen ist,* lässt uns innerlich wachsen. Wir alle kennen die Herausforderungen des Lebens und werden ihnen auch weiterhin begegnen. Doch wenn wir tatsächlich den Lauf des Lebens für uns und für die Erde verändern wollen, müssen wir uns darauf konzentrieren, was wir jetzt tun können. Wir müssen positiv auf Schwierigkeiten reagieren. Wenn Sie an Bitterkeit, Hass, Bedauern und Vorwürfen kleben bleiben, helfen Sie niemandem, am wenigsten sich selbst. Solche Gefühle isolieren uns von anderen Geschöpfen, so dass es weder auf persönlicher noch auf globaler Ebene zu Wachstum kommen kann. Die Vergangenheit wird zur Last, wenn wir uns an sie klammern und sie nicht loslassen in der Einsicht, dass sie uns zu dem gemacht hat, was wir sind. Wie gesagt: Wenn wir die Vergangenheit nicht loslassen können, sind wir dazu verdammt, sie zu wiederholen.

Vergebung lässt sich nicht erzwingen. Sie stellt sich erst mit der Zeit ein. Doch wir können diesen Prozess jetzt in Gang setzen und so inneren Frieden finden, einen Frieden, der sich allmählich auf die ganze Welt ausdehnen wird.

Sie können Ihre Verbitterung über alte Enttäuschungen loslassen, indem Sie – wie in Kapitel 2 beschrieben – mit den Elementen arbeiten. Sie können auch die Segensrituale aus Kapitel 4 durchführen. Denn alles, was wir mit unserem Segen bedenken, gibt uns seinen Segen zurück.

Denken Sie an einen Menschen, gegen den Sie einen gewissen Groll hegen, an jemanden, den Sie als »Feind« bezeichnen würden. Sprechen Sie dann ganz einfach die Worte: »Ich segne dich in deinem Leben. Ich segne dich für die Einsicht, die du mir ermöglicht hast.«

Zu Anfang fühlt sich dies meist ein wenig unnatürlich an. Mit der Zeit aber werden Sie feststellen, dass diese Übung zum Loslassen Ihnen ungeheuren inneren Frieden beschert. Machen Sie diese Übung auch mit Menschen, deren politisches Handeln Sie nicht gutheißen, oder mit bestimmten Ereignissen, die Sie als negativ empfinden. Segnen Sie den Ort, an dem sich das Geschehen abspielt. Segnen Sie, was geschieht.

Wenn wir diese Arbeit als globale Gemeinschaft leisten, bringen wir damit mehr Frieden in die Welt.

Im Wandel die Mitte nicht verlieren

Hier sind ein paar Tipps für den Umgang mit problematischen Gefühlen in Zeiten des Wandels:

Atmen Sie. Es spielt keine Rolle, ob Sie durch Mund oder Nase atmen. Nehmen Sie einfach nur ein paar tiefe Atemzüge. Atmen Sie ein, halten Sie den Atem einen Augenblick lang. Dann atmen Sie langsam und gründlich aus und verweilen wieder einen Moment lang so. Im Ausatmen beruhigt sich der Körper. Wenn wir in Erregung geraten, neigen wir dazu, die Atmung kurz und flach werden zu lassen. Dies aber schafft noch mehr Spannung im Körper. Lassen Sie diese Spannung los, indem Sie tief ein- und ausatmen. Das bringt Sie stets zurück zu Ihrer Mitte.

Gehen Sie in der freien Natur spazieren. Das beruhigt die Nerven. Der Kontakt zur Natur lässt uns Frieden und Entspannung finden, auch wenn rundherum alles im Wandel begriffen ist.

Bewegen Sie sich. Auf diese Weise bringen Sie die gestaute Energie des Körpers zum Fließen. Bewegung beruhigt die Nerven ebenfalls.

Tun Sie etwas mit Ihren Händen, ob Sie nun häkeln, hobeln oder Gartenarbeit verrichten. In Kapitel 4 finden Sie dazu noch ein paar Tipps. Überlegen Sie, was Sie an Ihrem Leben toll finden, wofür Sie dankbar sind. Denken Sie daran: Ehrfurcht und Staunen schenken uns Kraft.

Wie immer sollten Sie auch in Zeiten der Veränderung nicht vergessen:

Verlieren Sie Ihr Ziel nicht aus den Augen. Bleiben Sie sich treu, und halten Sie auch Ihrer Vision die Treue.

Machen Sie sich klar, wie schön das Leben ist und wie viel Grund zur Dankbarkeit wir haben.

Bleiben Sie bei sich. Schreiten Sie weiter auf dem Pfad der spirituellen Praxis.

7 ~ Lassen Sie Ihr Licht in der Welt leuchten: die globale Gemeinschaft

Immer wieder habe ich in diesem Buch darauf verwiesen, wie kraftvoll die Arbeit in der Gemeinschaft ist. Wenn wir zusammenarbeiten, fühlen wir uns nicht nur weniger isoliert, auch unsere Arbeit selbst wird kraftvoller. In den mehr als 25 Jahren, in denen ich mit meinen Klienten gearbeitet und Workshops über schamanisches Arbeiten und Heilung für Mutter Erde gehalten habe, konnte ich unzählige Male erleben, wie machtvoll die Kraft einer Gruppe sein kann, wenn sie auf Neuschöpfung und Heilung gerichtet wird.

In der Gruppe erreichen wir mehr als allein. Im Evangelium des Matthäus sagt Christus zu seinen Jüngern: »Denn wo zwei oder drei versammelt sind in meinem Namen, da bin ich mitten unter ihnen.« (Matthäus 18, 20) Anders ausgedrückt: Wenn wir unsere spirituelle Energie vereinen, entsteht etwas Heiliges, etwas Magisches.

Wer je an schamanischen Heilritualen teilgenommen hat, weiß aus persönlicher Erfahrung, dass durch (direkte oder mittelbare) Mitwirkung von wohlwollenden Familienmitgliedern, Freunden und Bekannten die Heilkraft enorm verstärkt wird. Wenn die spirituellen Energien von zwei oder mehr Menschen ineinanderfließen, entsteht eine dritte Kraft, die – wenn sie richtig konzentriert wird – sozusagen das magische Kind dieser Kräfte ist: die Energie des Wandels, der Transformation, der Heilung.

Ich persönlich lehre zwei unterschiedliche Formen der Heilung. Die schamanische Seite dieser Arbeit umfasst das Anrufen von Helfergeistern, die zur Heilung eines Klienten oder eines Ortes beitragen. Diese Form der Arbeit kombiniere ich mit einem ebenso alten Heilprinzip, wonach die schöpferische Kraft des Universums ebenso in uns wie in der Außenwelt liegt.

Was ist damit genau gemeint?

Wichtig ist hier der Geist: Er ist das reine göttliche Licht der Vollkommenheit. Er ist unsere innere Quelle: die Widerspiegelung des Schöpfers. Was wir in der Außenwelt erfahren, ist nichts weiter als ein Spiegelbild unseres Innenlebens. Wenn wir unser Ego loslassen und unseren Weg in die Tiefen unseres Selbst fortsetzen, finden wir uns dort als reines Licht, als reine Vollkommenheit. Wenn es uns gelingt, diesen inneren Raum des Lichts und der Vollkommenheit zu erschließen, spiegelt uns die Außenwelt dies zurück.

Der Prozess, mit dem meine Schüler und ich der Verschmutzung der Erde entgegenwirken, nennt sich

»Transfiguration«. Der Begriff kommt aus dem Lateinischen und bedeutet wörtlich übersetzt: Umwandlung der Form. Wir werden zu reinem Licht. Wenn wir unser Licht in der Welt scheinen lassen, bewirkt diese Energie einen Wandel.

Am Beginn meiner Workshops mit dem Titel »Heilung für Mutter Erde« standen Experimente, bei denen einige meiner Schüler und ich in der Gruppe versuchten, hochgiftige Substanzen zu neutralisieren, indem wir uns auf den reinen Geist konzentrierten. Wir fingen mit Ammoniumhydroxid (wässrige Ammoniaklösung), einem verbreiteten Umweltgift, an und gossen es in destilliertes Wasser (Wasser ohne Ionen und Spurenelemente). Dieses nahm daraufhin einen hohen pH-Wert an. Dann versuchten wir als Kollektiv, den pH-Wert zu senken. Da Ammoniumhydroxid alkalisch reagiert, lässt sich die Konzentration leicht mit Hilfe von pH-Streifen testen.

Schon bei unserem ersten Versuch senkte sich der pH-Wert deutlich. Wir nutzten dabei das Prinzip, dass die Welt sich aufgrund dessen ändert, was wir sind, und nicht durch das, was wir tun. Also konzentrierten wir uns darauf, selbst ganz zum vollkommenen göttlichen Licht zu werden. Wir waren sicher, dass das Wasser diesen Wandel in uns widerspiegeln würde. Wir beteten nicht für das Wasser und konzentrierten uns auch nicht darauf. Und doch sank der pH-Wert.

Dieses Experiment habe ich seitdem mit unzähligen Gruppen in den USA und in Europa wiederholt. Jedes Mal änderte sich der pH-Wert. Er sank von einem deutlich alkalischen Wert auf Werte zwischen 8 und 10, also eher im neutralen Bereich. Wissenschaftlich betrachtet ist dies unmöglich. Doch ich konnte dieses Resultat immer und immer wieder erzielen.

Wir können also in einem Ritual den pH-Wert von Wasser senken, das mit einer alkalisch reagierenden Lauge versetzt ist, indem wir uns auf unser Innenleben konzentrieren. Auf dieselbe Weise können wir unsere Umwelt verändern. Allein indem wir uns unserer Lichtnatur erinnern, können wir alles in der Außenwelt verwandeln. Auch was wir unserem Körper zuführen, kann sich in reine, heilende Energie umwandeln.

Alle spirituellen Traditionen lehren: Wenn etwas in der Außenwelt entstehen soll, muss es zunächst auf der inneren Ebene vorweggenommen werden. In unserer Zeit fühlen sich viele Menschen angesichts der Veränderungen auf der Erde machtlos. Deshalb ist es so wichtig, dass wir uns eines klarmachen: Wir können die Erde sofort verwandeln, wenn wir spirituelle Praktiken zu einem Hauptbestandteil unseres Lebens machen. Die Resultate, die wir so erzielen, lassen sich noch verbessern, wenn wir als Gruppe zusammenwirken.

Unsere Energien bündeln

Nach einigen Jahren Arbeit mit wässrigen Ammoni-
umhydroxid-Lösungen erwarb ich eine sogenannte
GDV-Kamera. Die Abkürzung steht für den englischen
Ausdruck *gas discharge visualisation,* Gasentladungs-
Visualisierung. Diese Methode wurde von Konstan-
tin Korotkov entwickelt, der an der Technischen Uni-
versität St. Petersburg in Russland einen Lehrstuhl für
Physik innehat. Er hat in führenden Zeitschriften über
70 Artikel zu physikalischen und biologischen Themen
veröffentlicht und besitzt zwölf Patente auf dem Ge-
biet der Biophysik.

Die GDV-Kamera erlaubt uns, die körperlichen,
emotionalen, mentalen und spirituellen Energien
sichtbar zu machen, die Menschen, Tiere, Pflanzen,
Flüssigkeiten oder Steine ausstrahlen. Die Messdaten
dieser Energien gehen in ein computergesteuertes Mo-
dell ein. Die Kamera vermisst sozusagen die Aura, also
das Energiefeld um den Körper, und erstellt mit Hilfe
des Computers ein klares Bild der schwachelektrischen
Ströme unseres Energiefeldes. Ich habe eine solche Kamera erworben, um damit die energetischen Veränderungen an Substanzen sichtbar zu machen, die wir
während der Transfigurationszeremonien in der Gruppe bearbeiten. Wir haben sowohl mit Wasser als auch
mit Nahrungsmitteln oder Bodenproben gearbeitet.

Die Resultate dieser Gruppenarbeit finden Sie – mit Fotos dokumentiert – in englischer Sprache auf der Webseite www.shamanicteachers.com. Klicken Sie dort bitte auf »Photos/Results«. Ich möchte Ihnen noch berichten, was geschah, als wir mit einem Pfirsich von einem Baum in meinem Garten arbeiteten. Das ist nun einige Jahre her. Santa Fe litt damals unter einer schlimmen Dürreperiode. Da ich den Bäumen in meinem Garten nicht das Wasser geben konnte, das sie so dringend brauchten, umrundete ich Tag für Tag jeden einzelnen Baum und stellte mir bildlich vor, dass er in Licht und Vollkommenheit getaucht sei.

Als wir vor der Zeremonie das erste Bild von dem Pfirsich machten, sah das Licht, das er ausstrahlte, schon ganz gut aus. Dann sammelten sich 50 Menschen um die Frucht und führten die Transfigurationszeremonie durch. Anschließend war sein Energiekreis noch einmal deutlich geordneter. Dies bewies uns einmal mehr, dass die Kraft einer Gruppe mehr vermag als die eines einzelnen Menschen.

> Wir können unsere Energien bündeln und göttliches Licht und Vollkommenheit in diese Welt atmen.

Als Weltgemeinschaft haben wir die Möglichkeit, unsere Energie zu bündeln und einen Wandel herbeizuführen. Noch vor 20 Jahren war es aussichtslos, Tausende von Menschen rund um den Globus anzusprechen. Das Internet aber gibt uns diese Möglichkeit.

Wir können unsere Energien vereinen und göttliches Licht und Vollkommenheit in diese Welt atmen – mit einem einzigen Mausklick.

Die Herausforderung

Wenn unsere gesammelten Energien die Wirkung unserer Arbeit verstärken können, so gilt dies natürlich nicht nur für unsere positiven Ziele, sondern auch für unsere Ängste. Wenn wir anderen von einer schweren Erkrankung berichten, laufen wir Gefahr, die Energie von Angst und Selbstmitleid anzuziehen anstelle der Kraft von Hoffnung und Heilung, die wir eigentlich brauchen. Eben aus diesem Grund erzählen Menschen instinktiv nicht gerne von ihren Schwierigkeiten. Sie befürchten, die anderen könnten unter Umständen ein negatives Resultat auf sie projizieren. Ich hatte eine Schülerin, die Brustkrebs hatte, aber nicht wollte, dass irgendjemand davon erfuhr. Sie befürchtete, wenn mehrere Menschen dächten, dass sie vielleicht unheilbar krank sei, würde dies ihren Umgang mit der Krankheit negativ beeinflussen. Sie sagte nur wenigen Menschen Bescheid, von denen sie wusste, dass sie ihr positive Energie schicken würden.

Bedauert uns eine größere Anzahl Menschen, weil wir unseren Job verloren haben oder unsere Ehe in die Brüche gegangen ist, wirkt diese kollektive Energie nicht unbedingt zu unserem Besten. Gerade in schwierigen Zeiten brauchen wir Menschen, die uns Kraft schenken, statt uns zu bedauern und uns Angst einzuflößen. Wenn wir als globale Gemeinschaft zusammenwirken wollen, dürfen wir diesen Punkt nicht außer Acht lassen. Wir wollen ja das Licht stärken, nicht die Dunkelheit.

In meinem Buch *Die Seele schützen* bat ich meine Leser, sich vorzustellen, wie es sich wohl anfühlen würde, wenn sie ein Problem hätten und alle davon wüssten. Ich möchte Ihnen nun dieselbe Frage stellen. Würde es Ihnen gefallen, wenn Tausende von Menschen sagten: »Ach, Sie Ärmste!« oder »Ach, Sie Ärmster!«. Oder würden Sie es vorziehen, dass man Ihnen positive Gedanken schickt, zum Beispiel: dass Sie stark genug sein mögen, mit dieser Herausforderung auf positive Weise fertig zu werden? Ihre Antwort auf diese Frage ist von entscheidender Bedeutung.

Wenn wir Bilder von Menschen sehen, die Hunger leiden, die durch Krieg oder Naturkatastrophen alles verloren haben, ist es nicht gut, wenn wir diese Menschen bemitleiden. Unser Mitleid gibt ihnen nicht die Kraft, diese Krise durchzustehen. Mitleid zieht den anderen energetisch herunter. Diese Energie ist schwer zu ertragen.

Natürlich wollen wir uns mitfühlend zeigen: »Es tut

mir leid, dass du so viel Pech und Unglück erlebst.«
Doch wir wollen den anderen ja aufrichten. Wir wollen uns vorstellen, wie er die Krise übersteht und seinen Weg in ein besseres Leben findet. Dafür eignen sich am besten die Methoden zur kreativen Neuschöpfung aus Kapitel 3. Vielleicht hat es ja auch eine Zeit in Ihrem Leben gegeben, in der Sie den Menschen Ihrer Umgebung verschwiegen, was Ihnen gerade widerfuhr, weil Sie vermeiden wollten, dass diese ihre Angst und ihre Sorgen auf Sie projizieren und dadurch Ihren Heilungsprozess behindern könnten.

Traditionelle Schulen geistiger Heilung gehen davon aus, dass der Heiler das Problem oder die Krankheit verstärken kann, wenn er die Diagnose des Patienten akzeptiert. Stellen Sie sich vor, ein Klient kommt zu einem Arzt, Naturheilkundler oder Heiler und sagt ihm, er habe Krebs oder chronische Depressionen. Der Heiler will natürlich das, was der Klient als sein Problem bezeichnet, nicht herabsetzen. Es wäre keine positive psychologische Intervention, wenn er seinem Klienten sagen würde, dass aus der spirituellen Perspektive diese Krankheit nur Illusion ist. Sieht der Heiler den Klienten aber als reines, göttliches Licht, wird dadurch tatsächlich das Lichthafte in ihm angeregt. Das Licht leuchtet im Innern des Klienten und wird sich bald auch in der Außenwelt bemerkbar machen. Dann stellt sich Heilung ein, wo Heilung gebraucht wird. Konzentriert der Heiler sich aber auf die Krankheit, dann räumt er dieser einen viel zu hohen Stellenwert ein. Konzentriert er sich auf die Heilung, wird die Heilung Wirklichkeit. Dies ist eine recht subtile, aber alles entscheidende Unterscheidung.

Dasselbe Prinzip findet sich im Übrigen in der Quantenphysik wieder. Diese Disziplin beschäftigt sich ebenfalls mit Fernwirkungen. Es gibt ein berühmtes Experiment, bei dem zwei weit voneinander entfernte Lichtpartikel ohne jede Zeitverzögerung gemeinsam reagieren, obwohl nur einer der Lichtpartikel in irgendeiner Weise angesprochen wird. Wenn Sie also jemanden mit Ihrem Mitleid belasten, breitet diese Energie sich auch im Netz des Lebens aus.

Die Quantenphysik lehrt weiter, dass Schwingungen mit niedriger Frequenz sich immer den höherfrequenten angleichen. Wenn Sie Menschen oder eine Gemeinschaft von Menschen in göttlichem Licht sehen, helfen Sie Ihnen, sich aus Ihrer Krise zu befreien.

Hören Sie voller Mitgefühl zu, wenn Sie zu einer der Gruppen gehören, die zum Erdheilungsquotienten beitragen. Verstärken Sie die Angst nicht, indem Sie beispielsweise sagen, dass der andere wirklich schlecht dran ist. Sagen Sie ihm vielmehr, dass er stark ist und seinen Weg finden wird. Sehen Sie in ihm das göttliche Licht.

Menschen lernen durch Schmerz und Leid. Wir

wollen andere in ihren Wachstumsmöglichkeiten nicht beschneiden. Wir können mit unseren Gedanken und Worten einen liebevollen Raum für sie schaffen, in dem sie wachsen und gedeihen können, statt sich vom Gefühl der drohenden Niederlage überwältigen zu lassen.

Dies ist wirklich ungeheuer wichtig. Denn häufig verstärken wir unabsichtlich die Probleme in unserer Umwelt, obwohl wir eigentlich die besten Absichten haben, nur weil wir selbst so sehr an ängstlichen Gedanken festhalten. Konzentrieren wir uns doch lieber auf das, was wir gerne in dieser Welt schaffen würden.

Wie wir als globale Gemeinschaft zusammenarbeiten können

Erinnern Sie sich noch, was ich Ihnen über die extreme Dürre erzählt habe? In Neumexiko wurden Millionen von Steinkiefern *(Pinus edulis)* von Holzkäfern befallen. Der Wassermangel hatte die Abwehrkräfte der Bäume so sehr geschwächt, dass sie der Käferinvasion nichts mehr entgegenzusetzen hatten.

Ich konnte die Bäume auf meinem Land ebenfalls nicht bewässern. Stattdessen umrundete ich sie Tag für Tag und stellte mir die Bäume in ihrem gesunden Energiefeld vor, wie sie auch ohne Wasser wuchsen. Wenn ich dies aus irgendeinem Grund nicht tun konnte, stellte ich sie mir in göttliches Licht getaucht vor. Wir verloren nur sehr wenige Bäume. Auch andere Leute aus der Gegend um Santa Fe, die für ihre Pflanzen spirituelle Rituale ausführten, stellten fest, dass ihr Baumbestand erstaunlich gesund blieb. Viele unserer Nachbarn hatten nicht so viel Glück.

Wenn Sie also von Naturkatastrophen wie Dürre, Überschwemmung, Feuer, Erdbeben oder Wirbelstürmen hören, versuchen Sie, sich nicht auf das Problem zu fixieren. Gehen Sie über das hinaus, was auf der äußerlichen Ebene passiert, und konzentrieren Sie sich auf den Geist des Bodens. Setzen Sie Ihre Vorstellungskraft ein: Sehen Sie buchstäblich vor sich, wie das Licht des Grundes diesen durchströmt.

Übung: Transfiguration

Natürlich können Sie die Übung der Transfiguration auch für Ihr eigenes Wohlbefinden einsetzen. Letztlich ist dies sehr einfach.

Wählen Sie eine Tageszeit, in der Ihr Geist nicht von Gedanken überflutet wird. Ich mache meine Transfigurationsübung gleich nach dem Aufstehen, noch bevor ich mich meinem Tagwerk zuwende, bevor ich den Anrufbeantworter abhöre und meine E-Mails durchsehe.

1. Legen Sie entspannende Musik auf, die Ihnen ein Gefühl von Weite vermittelt. Wählen Sie möglichst nur Instrumentalmusik.

2. Suchen Sie sich einen Ort, an dem Sie nicht gestört werden. Legen Sie sich bequem hin, und atmen Sie ein paarmal tief ein und aus. Hören Sie der Musik zu, und entspannen Sie sich.

3. Nun sprechen Sie für sich selbst die segensreichen Worte: »Danke, denn es wird von mir genommen, was mich von meinem göttlichen Licht fernhält.«

4. Nehmen Sie diese Worte vollkommen in sich auf. Mit jedem Atemzug tauchen Sie tiefer in Ihr Innerstes ein. Lassen Sie Ihren Körper los, Ihre Gedanken. Jetzt sind Sie nur noch spirituelles Licht. Genießen Sie die Erfahrung des strahlenden Lichts, das Ihr ganzes Sein durchflutet.

5. Stellen Sie sich eine Blume vor, die lange im Regen stand. Nun kommt das Sonnenlicht, und die Blume saugt es regelrecht in sich auf. Diese Blume sind Sie. Oder Sie stellen sich eine Blume vor, die zu lange in der Sonne gestanden hat. Nun kommt endlich der rettende Regen. Die Blume saugt das Wasser ein. Oder Sie denken an einen trockenen Schwamm, der mit jeder Pore Feuchtigkeit in sich aufnimmt. Wählen Sie ein Bild, das Ihre persönliche Erfahrung des Sich-Vollsaugens mit Licht möglichst exakt wiedergibt.

Diese wunderbare Übung hilft Ihnen, ein Gefühl von Frieden, Wohlbefinden und Freude zu tanken, denn das Licht des Geistes braucht nichts. Es ist in sich vollkommen. Spüren Sie, wie Sie von innen her erleuchtet werden.

Nehmen Sie sich 15 bis 20 Minuten Zeit, damit das spirituelle Licht ganz in Sie eindringen kann. Machen Sie diese Übung möglichst jeden Tag oder zumindest mehrmals pro Woche. Versuchen Sie, die Erfahrung des Lichts jeden Tag ein bisschen länger zu halten.

Wenn Sie Ihr inneres Licht erfahren, werden Sie zum Licht in der Welt. Dadurch regen Sie jedoch auch das Licht in anderen an, ob Sie ihnen nun zu Hause, in der Schule, am Arbeitsplatz, im Supermarkt, in der Bank oder auf der Straße begegnen.

Je mehr wir als globale Gemeinschaft diese Praxis ausführen, desto mehr tragen wir zur Steigerung des Erdheilungsquotienten bei, desto mehr Licht tragen wir in die Welt. Vergessen Sie nicht: Die Außenwelt spiegelt unser Innenleben wider. Wenn wir uns zu entwickeln beginnen und ein spirituelles Leben führen, wird die Welt um uns herum sich wandeln, weil sie unsere Spiritualität widerspiegelt.

Variationen dieser Übung

Noch mehr Transfiguration

Die Übung der Transfiguration lässt sich auch gut auf alles anwenden, was wir mit dem Körper aufnehmen.

1. Wiederholen Sie die Übung, mit der Sie sich für das Licht des Lebens öffnen, die ich in Kapitel 4 beschrieben habe. Die Erde ist ein Lichtwesen, das uns Nahrung schenkt. Konzentrieren Sie sich beim Essen darauf, wie Sie das Licht der Erde aufnehmen.
2. Wenn Sie etwas trinken oder ein Bad nehmen, konzentrieren Sie sich darauf, wie Sie das Licht des Wassers aufnehmen.
3. Spüren Sie, wie Sie beim Atmen das Licht der Luft in sich einsaugen.
4. Spüren Sie die Strahlen der Sonne auf Ihrer Haut, und fühlen Sie, wie Sie auf diese Weise die Energie aufnehmen, die Sie wachsen und gedeihen lässt. Die Sonne gemahnt Sie stets an das Licht, das Sie in sich tragen und das Sie ebenfalls zum Wachsen brauchen.

Wenn Sie Licht in der Welt sein wollen, müssen Sie Liebe empfinden. Sie können die Übungen, die Ihnen zeigen sollen, wie groß die Liebe ist, aus der Sie entstanden sind, auch mit Ihrer Transfigurationsarbeit kombinieren.

Übung: Mit einem Stern verschmelzen

In meinen Workshops weise ich immer wieder darauf hin, dass wir viel über die Natur lernen, wenn wir uns darin üben, mit ihr zu verschmelzen. Die Erfahrung, mit einem Stern zu verschmelzen, ist für die Transfigurationsarbeit von besonderem Nutzen.

1. Legen Sie entspannende Musik auf, die Ihnen ein Gefühl von Weite vermittelt.
2. Atmen Sie einige Male tief ein und aus. Lauschen Sie der Musik. Lassen Sie Entspannung einkehren.
3. Nun unternehmen Sie eine Reise in Ihr Inneres. Nach dem Prinzip des »Wie oben, so unten. Wie innen, so außen« suchen Sie nun in Ihrem Innern einen Stern, mit dem Sie verschmelzen möchten.
4. Werden Sie genauso weit wie der Stern. Fühlen Sie, wie stark und verlässlich sein Licht ist. Spüren Sie seinen Strahlen nach, die sich Tausende von Lichtjahren ins Universum erstrecken. Fühlen Sie, wie mühelos dies geschieht. Welch ein Wunder, dass das Strahlen des Sterns

diesen keinerlei Mühe kostet! Nun fühlen Sie, wie Sie dieser Stern werden und sind.

5. Während Sie Licht und Liebe in dieser wunderbaren Weise erfahren, machen Sie sich bewusst, dass es eben diese Energie ist, die wir brauchen, um die Welt in einen Ort zu wandeln, in dem Liebe, Licht, Frieden, Harmonie, Gleichheit und Überfluss für alle herrschen.

6. Nun lassen Sie das Licht und die Liebe des Lebens sich über alle Geschöpfe hinweg ausbreiten. Sie geben sich ganz der Empfindung der Verlässlichkeit der spirituellen Erfahrung hin.

7. Wenn Sie spüren, dass Sie die Übung nun beenden möchten, machen Sie einige Atemzüge und lösen sich bewusst von Ihrem Stern. Kehren Sie in Ihrem eigenen Tempo in den Raum zurück, in dem Sie liegen. Nehmen Sie dabei die Erfahrung des verlässlichen inneren Lichts mit dorthin.

Übung: Öffnen Sie sich

Nachdem Sie die Transfiguration und das Verschmelzen mit Ihrem Stern geübt haben, lernen Sie, wie Sie mit folgender Übung Ihr Licht zum Leuchten bringen.

Stellen Sie sich vor, Sie hätten einen riesigen Reißverschluss am Körper und Sie könnten diesen öffnen und aus Ihrem Körper heraustreten – als Sternenlicht, reines göttliches Licht, pure Liebe. Stellen Sie sich vor, wie Ihr Sternenlicht diese Welt und alle dunklen Orte erhellt. Ihr Körper ist der Tempel, der dieses Licht umfängt, ja Ihr ganzer Körper IST Licht. Nach der Übung fühlen Sie sich geerdet. Genießen Sie es, einen Körper zu haben.

Häufig halten wir unseren weiten, lichten Geist in unserem Körper zurück, in diesem Körper, der unsere Essenz hütet, nur um in der Welt nicht sichtbar in Erscheinung zu treten. Wenn wir dieses unsichtbare Licht loslassen, so dass es sich ausbreiten kann, ändern wir die Welt allein durch unsere geheiligte Präsenz.

Vor Kurzem hörte ich ein Interview mit einem Filmstar. Er sprach über die Anfänge seiner Karriere und berichtete, er habe sich von großen Schauspielern immer inspiriert gefühlt. »Die ganz Großen«, so meinte er, »waren von einem innerem Licht erfüllt.« Natürlich gilt dies für alle von uns. Ruhen Sie nur einfach in dem Gefühl, ein Wesen göttlichen Lichts zu sein. Lassen Sie zu, dass Ihr Licht Sie selbst erleuchtet.

Übung: Spüren Sie Ihre Verbundenheit mit dem Netz des Lebens

Vor einigen Jahren hatte ich eine Vision, in der ich meine eigene Hand sah. Dann hörte ich eine Stimme sagen: »Stell dir vor, einer deiner Finger fällt auf die Erde und entwickelt ein Eigenleben.« »Was für eine absurde Vorstellung!«, dachte ich zunächst. Dann meinte die Stimme, dass wir Menschen auf dieser Welt eben genauso agierten. Wir lebten unser Leben, als wären wir dieser eine Finger, der von der Hand des Universums getrennt ein Eigenleben führt. Doch so ist es nicht. Wir sind keine abgetrennten Finger. Und unser Leben betrifft nicht nur uns. Wir sind alle Glieder einer Hand, eines riesigen Organismus, den wir Erde nennen. Alles, was jedes einzelne Glied tut, wirkt sich auf die ganze Hand aus.

1. Stellen Sie sich vor, wir alle sind Finger einer Hand. Wir wollen der Erde dienen. Stellen Sie sich weiter vor, dass die globale Gemeinschaft Sie bei diesem Wunsch unterstützt. Die globale Gemeinschaft besteht aus spirituellen Wesen. Sie ist keine Belastung für Sie, bittet Sie um nichts und nimmt Ihnen nichts. Sie übermittelt Ihnen auch keine negative Energie. Sie will nur Sie und Ihre gleichgesinnten Gefährten unterstützen.

2. Formulieren Sie die klare Absicht, einen ganzen Tag lang Ihre Verbindung mit der ganzen Hand erfahren zu wollen, mit dem Organismus der Erde, dem Netz des Lebens.

3. Einen Tag lang stellen Sie sich vor, dass jeder Gedanke, den Sie hegen, jedes Kind auf Erden beeinflusst, jeden Vogel, jeden Stein, jeden Baum, jede Blume, jedes Insekt, jeden Flusslauf. Jedes Wort, das Sie laut aussprechen, wirkt sich auf das Leben als Ganzes aus.

4. Senden Sie die Energie der Liebe aus, so dass sie das Netz des Lebens durchströmt.
5. Dann üben Sie sich darin, dieses Gefühl zur Grundlage Ihres Lebens zu machen. Sie sind Teil der globalen Gemeinschaft, eine winzige Masche im Netz des Lebens. Spüren Sie die Energie jener Liebe, die das ganze Netz zusammenhält. Wenn Sie Ihre Energie in das Netz fließen lassen, erhöht sich der Erdheilungsquotient und wir schaffen positive Veränderungen für unsere Erde.

Von nun an rufen Sie sich beim Beten, Meditieren und anderen Formen spiritueller Arbeit (ob Sie diese nun für sich, für Freunde oder die Erde im Allgemeinen verrichten) die Verbindung zur globalen Gemeinschaft ins Gedächtnis. Diese unterstützt Sie in Ihrer Arbeit und arbeitet mit Ihnen zusammen.

Sie wissen, wie es ist, wenn Sie sich einer großen Aufgabe widmen wollen und auf sich allein gestellt sind. Alles ist so viel einfacher, wenn andere uns helfen. Daher müssen Sie sich klarmachen, dass Sie nicht allein sind in Ihrem Bemühen, eine positive Kraft in dieser Welt zu sein. Denken Sie an all die Menschen, die sich auf spirituelle Weise für die Welt einsetzen – Menschen der unterschiedlichsten spirituellen Traditionen, Menschen aller Altersgruppen an allen Orten der Welt. Vereint eure Herzen! Lasst eure spirituelle Energie ineinander fließen, welche Praxis ihr auch immer pflegt!

Dies bewirkt einen Wachstumsschub, der uns und die Welt ins Gleichgewicht bringt.

Übung: Die Welt mit den Augen des Geistes sehen

Unsere schöpferische Arbeit, bei der wir durch Sehen, Hören, Spüren, Riechen und Schmecken die Welt, die wir uns wünschen, buchstäblich er-träumen, müssen wir natürlich beibehalten. In Kapitel 3 schlug ich Ihnen vor, Ihre eigene Schöpfungsgeschichte zu schreiben und dann durch die Welt zu gehen in dem Bewusstsein, ihr Schöpfer zu sein. Ich möchte, dass Sie diesen Spaziergang jetzt noch einmal unternehmen.

1. Der Schöpfer hat Sie und alles andere auf dieser Erde aus Liebe erschaffen. Spüren Sie diese Liebe. Lieben Sie sich selbst und Ihre Schöpfung. Öffnen Sie sich Ihrem inneren Licht.
2. Gehen Sie jetzt draußen spazieren. Betrachten Sie die Welt mit den liebenden Augen eines Schöpfers, ob Sie diesen nun als Gott, Göttin, Ursprung, Macht des Universums oder göttliches Licht bezeichnen. Wählen Sie einfach die Bezeichnung, die Ihrem Glauben am nächsten steht. Gehen Sie durch die Welt, und sehen Sie sie mit den Augen des Geistes.

Aufstehen

Auf der irdischen Ebene unseres Daseins gibt es Ungerechtigkeiten. An vielen Orten gibt es Krieg. Menschen tun anderen Menschen und sie tun Tieren Gewalt an. Mord und Totschlag sind keineswegs die Ausnahme. Wir vergiften unsere Umwelt, von der wir abhängig sind. Immer wieder werden wir Zeugen, wie Menschen ihre Mitgeschöpfe entrechten und entehren. Ein Teil unserer Arbeit besteht darin, dass wir als globale Gemeinschaft aufstehen und auf diese Missstände hinweisen.

Trotzdem sollten wir den Unterschied zwischen dem Benennen von Missständen und dem Wüten dagegen kennen. Wir sollten negativen Energien keine Nahrung geben, indem wir beispielsweise auf Friedensdemonstrationen gewaltsame Verhaltensweisen zeigen. So etwas hat nichts mit der Energie des Friedens zu tun. Unsere Aufgabe ist es, einen Weg zu finden, wie sich Frieden umsetzen lässt. Unsere Aufgabe ist es zu zeigen, wie der Frieden aussieht, den wir uns wünschen.

> Unsere Aufgabe ist es, einen Weg zu finden, wie sich Frieden umsetzen lässt. Unsere Aufgabe ist es zu zeigen, wie der Frieden aussieht, den wir uns wünschen.

Mahatma Gandhi ist dafür ein wunderbares Beispiel. Er hielt sich streng an seine spirituelle Praxis und seine

Lehren, während er gleichzeitig öffentlich für das eintrat, was er für richtig hielt. Gandhi setzte sich gewaltfrei für seine Ziele ein. Gewaltsame Methoden lehnte er ab, weil er wusste, dass daraus nur Schaden erwachsen konnte. Seiner Ansicht nach führt gewaltfreies Engagement auf friedlichem Wege zum Ziel, während es gleichzeitig die Persönlichkeit bereichert.

Wenn wir Missstände in der Welt erkennen, müssen wir sie klar und deutlich benennen. Doch wir sollten dies auf eine Weise tun, die von Frieden, Liebe und Licht getragen wird. Schließlich wollen wir die von uns gewünschte Veränderung *sein*.

Wie ein einzelner Mann die ganze Gemeinschaft inspirierte

Im Dezember 2007 schaltete ich den Fernseher ein, weil ich die Nachrichten sehen wollte. Man berichtete über eine ganz erstaunliche Kettenreaktion, die in Gang gesetzt wurde, als in einer Autoschlange vor einem Drive-in-Schalter eines Autobahnrestaurants ein Mann dem Fahrer hinter ihm einen Kaffee ausgab. Offensichtlich ging an diesem Tag alles ein wenig langsamer als sonst. Der Hintermann begann genervt zu hupen. Der Autofahrer, der gerade bedient wurde, war Tai-Chi-Lehrer. Und er gab dem frustrierten Wartenden hinter ihm einen Kaffee aus. Er nahm den Becher, stieg aus dem Wagen und brachte ihn dem Mann. Das Beispiel machte Schule. Plötzlich brachte jeder der Person im nächsten Wagen einen Becher Kaffee.

Ein Reporter, der den Tai-Chi-Lehrer interviewte, sprach von einem Akt der Freundlichkeit. Doch der Tai-Chi-Lehrer widersprach ihm. Er habe nicht einfach nur nett sein wollen, sondern er wollte einen Bewusstseinswandel herbeiführen. Dies war seine Absicht. Auf diese Weise veränderte er nicht nur das Bewusstsein des Hupenden, sondern das aller anderen, die an diesem Tag in der Schlange standen. Er wollte die negative Energie der Wartenden in etwas Positives umwandeln. Und er hatte Erfolg damit.

Ist dies nicht ein wunderbares Beispiel dafür, wie wir auf ganz einfache Weise in unserem Alltagsleben letztlich doch einen Bewusstseinswandel schaffen können, der auf Dauer den ganzen Planeten erfasst?

Versuchen Sie es. Formulieren Sie die klare Absicht, negative Energie in positive umzuwandeln. Es ist ganz erstaunlich, wie oft und wie gut dies tatsächlich funktioniert.

Schaffen wir ein menschliches Lichternetz!

Ich schreibe für meine Website www.sandraingerman. com jeden Monat eine Kolumne, die »Transmutationsnachrichten«. Diese Kolumne wird regelmäßig ins Deutsche, Französische, Italienische, Portugiesische, Rumänische, Slowakische, Spanische und Schwedische übersetzt, damit sie möglichst viele Menschen erreicht. Die globale Gemeinschaft, die meine Seite immer wieder besucht, führt an jedem Vollmondtag ein Ritual aus, bei dem alle ihr Licht in der Welt scheinen lassen.

Für mein Buch *Heilung für Mutter Erde* habe ich mich mit verschiedenen spirituellen Traditionen auseinandergesetzt. Dabei entdeckte ich: Viele Menschen gehen davon aus, dass Leben Licht ist. Unser menschliches Ego lässt uns häufig unsere wahre Natur vergessen. Wir identifizieren uns viel zu sehr mit unserer Persönlichkeit und mit unserem Körper. Doch in Wirklichkeit sind wir Licht, das in einem Körper wohnt.

Die Alchemisten vergangener Zeiten wandelten nicht buchstäblich Blei in Gold um. Sie verwandelten nur das »bleierne Bewusstsein« in das »Bewusstsein des goldenen Lichts«. Jesus fordert uns im Evangelium auf, unser Licht nicht unter den Scheffel zu stellen, da wir das Licht der Welt seien (Matthäus 5, 14-16). Wenn die Mystiker der Welt sich ihrem Werk widmen, beginnen sie von innen her zu leuchten, so heißt es.

Wir sind Licht. Wir sind hierhergekommen, um dieses Licht leuchten zu lassen. Doch viele von uns haben ihre wahre Natur vergessen, haben vergessen, weshalb wir hier sind. Wir wurden aus Liebe und Licht geschaffen, und wir sind Liebe und Licht. Es ist unser Geburtsrecht, dieses Licht in der Welt so weit strahlen zu lassen, wie es nur zu strahlen vermag.

Leider haben viele von uns bereits in der Kindheit gelernt, nicht allzu sehr von der Norm abzuweichen. Wenn wir das täten, würde uns niemand mehr lieben, sagt man uns. Es könne nur einige wenige Sterne geben, und wir seien eben keiner. Kommt Ihnen das irgendwie bekannt vor?

Warum soll es nur wenige Sterne hier auf Erden geben können? Ich habe noch nie einen Menschen, dessen Blick sich gen Himmel richtet, sagen hören: »Ich wünschte, dieser Stern würde nicht so hell leuchten. Er überstrahlt ja alle anderen.« Warum sollten wir demnach so etwas glauben?

Es ist an der Zeit, dass wir unser Licht leuchten lassen und die Schönheit des Nachthimmels auf die Erde holen. Wir müssen unser Licht wiederfinden, um alle dunklen Orte dieser Welt zu erhellen.

Übung: Öffnen Sie sich Ihrem inneren Licht

Diese Übung führt Sie in die monatliche globale Praxis ein, mit deren Hilfe wir ein menschliches Lichternetz schaffen.

1. Lassen Sie beruhigende Musik spielen, und legen Sie sich an einem ruhigen Ort hin.
2. Atmen Sie einige Male tief ein und aus. Spüren Sie, wie Sie zu Ihrer Mitte kommen.
3. Gehen Sie nach innen. Formulieren Sie die klare Absicht, dass Sie Ihr inneres Licht erfahren wollen, das Sie mit Ihrem Schöpfer, der Kraft des Universums, verschmelzen lässt.
4. Konzentrieren Sie sich auf Ihre Absicht. Lassen Sie Ihrer Vorstellungskraft freien Lauf, damit Sie Ihr inneres Licht sehen und fühlen können. Erlauben Sie diesem Licht, Sie ganz zu durchfluten. Es ist immer da. Es kann nicht aufgebraucht werden. Sie können dieses Licht ohne Einschränkungen anderen zuteilwerden lassen und sich selbst daran bereichern. Ihr Licht kann nicht zerstört oder von Ihnen genommen werden. Sie müssen sich keine Gedanken machen: Diese Quelle erschöpft sich nicht. Dieses Licht kann nicht ausgehen.
5. Erleben Sie das Licht im ganzen Körper. Lassen Sie es aus Ihrem Innersten herausströmen. Es durchflutet jede Zelle Ihres Körpers. Sobald Sie ganz von Ihrem inneren

Licht erfüllt sind, spüren Sie das Pulsieren, verbinden Sie sich mit dem Netz des Lebens. Lassen Sie Ihr Licht durch Ihren pulsierenden Körper fließen. Fühlen Sie, wie das Licht jede Zelle Ihres Körpers durchdringt.

6. Sobald Sie die Erfahrung des grenzenlosen Lichts gemacht haben, das Ihren gesamten Körper durchpulst, gehen Sie mit Hilfe Ihres Atems und Ihrer Absicht aus diesem Zustand wieder heraus. Kommen Sie zurück. Öffnen Sie die Augen. Spüren Sie Ihren Körper. Bewegen Sie Ihre Zehen. Nun wissen Sie, dass Sie sich mit anderen in Verbindung setzen können, um heilsame Energie in die Welt zu bringen.

Zu Anfang üben Sie sich nur in der Erfahrung des Lichts. Im nächsten Schritt atmen Sie Licht ein und aus – den ganzen Tag lang.

Wenn Sie mit Ihrem inneren Licht in Kontakt sind, verändert sich Ihre Schwingung. Wenn wir unsere Energie bündeln, unsere Lichter ineinander weben, damit die Welt unseren gemeinsamen Glanz erfährt, verändern wir deren Schwingung. Ich schlage Ihnen vor, auf dieser Ebene Gebete und Worte zu vermeiden. Lassen Sie einfach nur Ihr Licht leuchten. Erleben Sie sich als Teil des weltumspannenden Lichternetzes, das alle dunklen Orte dieser Welt erhellen wird.

Übung: Werden Sie zum Teil des menschlichen Lichternetzes

Die vorhergehende Übung bringt Licht an Orte, die es dringend brauchen. Dies hilft uns, uns unserer wahren Natur zu erinnern, die Licht *ist*. Es wirkt sehr heilsam, sich mit Tausenden anderen Geschöpfen verbunden zu wissen, die sich auf ihre Lichtnatur besinnen. Wenn wir uns auf diese Weise mit anderen verbinden, wird unser Lichternetz größer. Dies wiederum hat eine positive Wirkung auf die Erde und das Leben auf ihr. Schließen Sie sich uns doch beim nächsten Vollmond an, wenn wir ein strahlendes Lichternetz des Lebens weben.

Zum ersten Mal haben wir diese Praxis zur Wintersonnenwende im Jahr 2000 durchgeführt. Wir feierten die Wiederkehr des Lichts. Ich hatte die Teilnehmer gebeten, ihr Licht scheinen zu lassen, sobald dieser Tag an ihrem Wohnort anbrach. Da die Wintersonnwende sich gleichsam um den Globus fortpflanzt, wurde das Licht immer mehr. Wir reichten es also um die Welt.

Doch damit nicht genug. Wir konzentrierten uns den ganzen Tag bis in die Abendstunden darauf, unser Licht leuchten zu lassen. Diese Tradition führen wir jeden Monat bei Vollmond weiter. Wir schaffen in der Meditation ein menschliches Lichternetz. Wir haben uns für den Vollmond entschieden, weil seine Kraft unser Lichternetz stärkt.

Wenn Sie an dieser Praxis teilnehmen möchten, konzentrieren Sie sich am Tag des Vollmonds darauf, Ihr Licht in der Welt scheinen zu lassen. Stellen Sie sich vor, Teil eines menschlichen Lichternetzes zu sein. Stellen Sie sich den heilsamen Wandel der Schwingungen vor, der in Ihrem Leben ebenso stattfindet wie auf globaler Ebene. Je mehr Menschen daran teilnehmen, desto größer wird die Kraft zur Veränderung.

1. Wenn Sie mit anderen zur Vollmondzeit ein Gruppenritual durchführen wollen, nehmen Sie sich gegenseitig an der Hand. Lassen Sie Ihr Licht ineinanderfließen, während jeder Einzelne sich darauf konzentriert, sein Licht leuchten zu lassen.

2. Erleben Sie das Licht Ihrer Gruppe, das sich mit dem Licht anderer Gruppen auf der ganzen Welt verbindet. Stellen Sie sich vor, wie alles zu einem gigantischen Lichternetz verschmilzt.

3. Arbeiten Sie allein, dann suchen Sie sich ein ruhiges Plätzchen und lassen Sie Ihr Licht erstrahlen.

4. Stellen Sie sich vor, wie Sie mit den anderen zu einer globalen Gemeinschaft verschmelzen, die Gemeinschaft des Lichts, das um die Welt geht.

Kinder besitzen dieses Licht auf ganz natürliche Weise. Binden Sie sie also ruhig in Ihre Übung mit ein.

Vergessen Sie nicht: Alles Leben kommt aus dem Licht. Sie sind Licht, wir alle sind Licht. Und wir schließen uns zu einem großen Kreis zusammen, der Gemeinschaft des Lichts.

Übung: Monatliches Heilungsritual

Der im Folgenden beschriebene »Heilkreis« ist ebenfalls ein Vollmondritual, das für unsere Arbeit sehr nützlich ist. Warum aber brauchen wir noch ein Heilungsritual? Nun, es sieht so aus, als verändere sich das Bewusstsein der Menschen doch relativ schnell. Natürlich hat dies in erster Linie positive Auswirkungen: Wir lernen, wieder in Harmonie zu leben. Und doch muss immer etwas sterben, bevor Neues geboren werden kann. Während wir in neue Bewusstseinszustände übergehen, müssen wir ablegen, was wir nicht mehr brauchen. Wie ich in meinen »Transmutationsnachrichten« häufig schreibe, müssen wir uns den Tanz der Paradoxe zu eigen machen, wenn wir verschiedene Bewusstseins- und Gewahrseinszustände erleben. Veränderung geschieht gleichzeitig auf vielen Ebenen.

Auf einer bestimmten Ebene sind wir alle miteinander verbunden und sind alle Geist. Aus spiritueller Perspektive betrachtet sind wir stets göttlich und stets vollkommen. Andererseits ist es Teil unseres Menschseins, dass wir ein Ego haben, das sich als getrennt vom

Leben wahrnimmt. Und eben dieses Gefühl des Getrenntseins führt zu Angst, Zorn und vielen anderen schwierigen Emotionen, von körperlichen Krankheiten ganz zu schweigen. Und so erleben wir während unserer spirituellen Arbeit ein ständiges Hin und Her zwischen dem Gefühl des Einsseins und dem des Getrenntseins.

Während wir uns weiter auf die Transfiguration konzentrieren, werden Probleme geheilt, die aus dem Gefühl des Getrenntseins entstehen. Wir gehen in einen höheren Bewusstseinszustand über und lernen, uns der Vollkommenheit des Universums zu überlassen. Dies kann mitunter recht schwierig sein. Dann brauchen wir Hilfe, um uns an unser göttliches Licht zu erinnern.

Zu diesem Zweck habe ich den monatlichen Heilkreis geschaffen, der zusätzlich zu den Übungen des Lichternetzes durchgeführt wird. Dabei schaffen wir einen Lichterkreis, der all jene mit einbezieht, die um Hilfe bitten.

Wenn Sie daran teilnehmen möchten, gehen Sie bitte wie folgt vor:

1. Falls Sie am Lichterkreis teilhaben wollen, stellen Sie sich vor, Sie bilden mit anderen Praktizierenden aus aller Welt einen Kreis. Wenn Sie Heilung brauchen, stellen Sie sich vor, Sie liegen in dem Kreis.

Für die Praktizierenden gilt: Formulieren Sie die Absicht, gemeinsam Ihr göttliches Licht zu erfahren und es an den inneren Kreis der Gemeinschaft weiterzugeben, an jene, die um Hilfe bitten. In unserem Lichtkreis richten wir den Blick nicht auf das Leiden. Wir wollen dieser Energie nicht noch mehr Nahrung geben. Statt den inneren Kreis auf eine wie auch immer geartete Diagnose festzuschreiben, wollen wir diese Menschen ins göttliche Licht erheben. Wir konzentrieren uns auf die göttliche Vollkommenheit jedes Einzelnen. Wir verändern die Welt und heilen andere durch das, was wir sind – durch unsere Gegenwart, durch das Licht und die Liebe, die wir ausstrahlen. Wir schicken unsere Energie nicht einer einzelnen Person, wir versuchen nicht, diesen Menschen zu heilen. Wir lassen unser göttliches Licht fließen, damit es den Funken in all jenen entfacht, die um Hilfe bitten.

2. Wenn Sie zu den Praktizierenden gehören, stellen Sie sich vor, wie Sie zusammen mit anderen Praktizierenden in einem Kreis sitzen oder stehen. Führen Sie Ihre Transfigurationspraxis aus, dann richten Sie die Handinnenflächen in den Kreis. Lassen Sie Ihr Licht leuchten und Ihre Liebe sich verströmen.

3. Wenn Sie das Gefühl haben, Hilfe zu brauchen, stellen Sie sich vor, Sie liegen zusammen mit Menschen aus aller Welt in diesem Kreis und nehmen das Licht auf, das von den Praktizierenden kommt.

4. Das Licht umfängt Sie und entzündet den Funken in Ih-

rem Inneren. Ihr eigenes Licht beginnt zu leuchten und strömt durch jede Zelle Ihres Körpers. Auf diese Weise finden Sie die Verbindung zu Ihrer göttlichen Vollkommenheit wieder, Ihren Draht zum Netz des Lichts. Das Gefühl der Getrenntheit, das seelische und körperliche Krankheiten verursacht, findet Heilung. Dies erinnert uns daran, dass wir alle die Kraft haben, uns den Herausforderungen des Lebens zu stellen.

Sie können im Laufe des Ritualtages oder -abends auch beide Rollen einnehmen. Sie können zuerst mit praktizieren und sich dann in die Mitte des Kreises legen.

Wir arbeiten jenseits von Zeit und Raum. Daher ist es nicht von Bedeutung, wann Sie diese Übung ausführen. Sie müssen sich nicht mit anderen absprechen und brauchen diese Übung nicht auf den Vollmondtag zu beschränken. Ich schicke Licht in das Netz des Lebens, wann immer mein Herz mir dazu rät. Und natürlich können auch Sie Ihr Licht Tag für Tag in unserem globalen Heilkreis leuchten lassen. Denn dies ist unsere eigentliche Aufgabe: mit jedem Atemzug, mit jedem Schritt das Licht in die Welt strömen zu lassen.

Übung: Ein Altar für das Leben

Wenn wir uns auf diese Weise der spirituellen Arbeit widmen, entsteht womöglich der Wunsch, die geistige

Arbeit, die von der globalen Gemeinschaft verrichtet wird, zu ehren und zu unterstützen.

1. Suchen Sie sich einen schönen Platz in Ihrem Haus oder in der freien Natur, um dort der weltweiten Gemeinschaft des Lichts einen Altar zu errichten, einen Altar für alle, die an der Umwandlung der Erde und des Lebens mitarbeiten wollen.
2. Suchen Sie Ihren Altar jeden Tag auf. Bringen Sie kleine Opfergaben dar: einen Stein, eine Blüte, ein Gebet des Dankes oder eines, in dem Sie Ihre Wertschätzung für alle ausdrücken, die für das Leben arbeiten.

Wir sind eine globale Gemeinschaft. Ist das nicht aufregend? Erfreuen wir uns doch an dieser Tatsache, während wir all diese Entdeckungen machen, denn das Universum empfängt die Energie dieser Freude. Das Universum gibt uns etwas, was man in der Welt der Finanzen »Risikoprämie« nennt. Es wird unsere freudige Spannung aufnehmen und noch mehr Gelegenheiten schaffen, damit wir uns weiterentwickeln können. Machen Sie sich klar, wie viel Spannung und Aufregung ein einzelner Mensch bei solch einer Aufgabe empfindet. Jetzt stellen Sie sich vor, wie diese Energie sich durch den globalen Kreis ausbreitet. Es ist überwältigend! Als Gemeinschaft steht uns nahezu grenzenlose Energie zur Verfügung, ob wir unsere »Mitglieder« nun auf persönlicher Ebene unterstützen oder Gesundheit und Harmonie für die Welt und das Leben schaffen wollen.

Gründen Sie eine Erdheilungsgruppe

Arbeiten Sie mit Menschen in Ihrer Umgebung zusammen. Führen Sie die Übungen, die Sie in diesem Buch am meisten ansprechen, gemeinsam durch. Werden Sie zum Licht an den Orten, an denen Sie leben, zum Licht in der Welt.

Neben den spirituellen Übungen gibt es noch zahlreiche andere Möglichkeiten, wie Sie sich in der Gruppe gegenseitig unterstützen können: durch mitfühlendes Zuhören, in Form eines Mittag- oder Abendessens oder einer Übernachtung, durch Hilfe beim Hausbau und durch so vieles mehr.

8 ~ Frieden und Überfluss für alle: Eine neue Welt entsteht

Die Lebensbedingungen auf der Erde verändern sich seit Langem, und sie werden es auch in der Zukunft tun. Alles in der Natur ist im steten Wandel. Dies ist ein Teil der Evolution. Und doch stellen die jüngsten Veränderungen auch eine Art Weckruf für uns dar: Wir müssen endlich begreifen, dass das spirituelle Element der Welt immer stärker wird.

Mehrere spirituelle Traditionen lehren, dass alles Energie ist. Auch der Schamanismus geht davon aus, dass alles lebendig ist und einen eigenen, ganz besonderen Geist besitzt. Alles, was der materiellen Welt angehört, muss am Ende sterben, der Geist aber ist unsterblich. Die Illusion, dass unsere Identität auf dem beruht, was wir in der materiellen Welt angesammelt haben, wird schwächer, wenn wir uns an die wahre Natur unseres Seins erinnern: Wir sind göttliche Wesen spirituellen Lichts. Daher ist es so wichtig, dass wir diese spirituelle Komponente in alles einfließen lassen, was wir tun, um ein neues Bewusstsein zu erschaffen.

In unserer Welt geht es darum, wie sich der Geist mit

der Materie verbindet. Alles, was nur materiell ist, wird sich am Ende in seine Einzelteile auflösen. Was aber ewig ist, hat notwendigerweise eine spirituelle Komponente.

Je mehr wir den Geist ehren, der in allen Wesen lebt, desto mehr bewegen wir uns im Einklang mit den Zyklen der Natur, desto weniger müssen wir mit extremen, dramatischen Veränderungen rechnen. Als spirituelle Gemeinschaft können wir anderen von Nutzen sein, indem wir spirituelle Techniken zum Teil unseres Lebens machen. Wir werden spirituelle Wesen, die den Geist und das Licht lieben und in allen Erscheinungen zu finden sind. Wir können auch den Zyklen des Wandels mit Wertschätzung begegnen. Tun wir dies, so lassen wir eine Weltsicht hinter uns, die nur die materielle Welt anerkennt. Auf diese Weise können wir auch in schweren Zeiten gut leben.

Alles Ewige braucht eine spirituelle Komponente.

Die Schwingungsfrequenz erhöhen

Wie bereits in Kapitel 7 gesagt, ist das Leben ein Paradox, das wir tanzen müssen. Aus spiritueller Perspektive gibt es nur Göttlichkeit und Vollkommenheit. Aus der Perspektive unseres Egos aber erleben wir Schmerz und Leid. Solange wir keine wahren spirituellen Meister sind und das Gefühl eines Egos, das getrennt von allem anderen existiert, nicht weit hinter uns gelassen haben, tanzen wir zwischen den Polen Einheit und Trennung hin und her.

Wenn wir die Erde heute als unsere Klientin betrachten, sehen wir sie auf einer bestimmten Ebene als »krank« an. Dies ist das Ergebnis des disharmonischen Verhaltens, das der Mensch der Erde und seinen Mitgeschöpfen angedeihen lässt. Wenn wir uns allerdings auf eine höhere Ebene begeben, erleben wir den spirituellen Zustand der Einheit – und sehen die Erde in ihrer göttlichen Vollkommenheit. Dabei erhöhen wir sowohl die Frequenz unserer Schwingungen wie auch die der Erde selbst.

In Kapitel 1 habe ich versucht, Ihnen mit dem Bild des guten Musikers nahezubringen, was ich mit »Schwingungsfrequenz« meine. Wenn wir in diesem Bild bleiben, dann erklingen heute auf der Erde viele verschiedene Melodien. Wenn wir die Nachrichten einschalten und die neuesten Bilder von tragischen Ereignissen sehen, haben wir das gleiche Gefühl, als würden wir eine bedrückende Melodie hören. Diese Art von Musik verdichtet unser Energiefeld. Inspirierende Berichte hingegen lassen es leichter und transparenter werden.

Wenn wir uns einer spirituellen Praxis widmen, die

auf den Prinzipien der Einheit und Liebe, der göttlichen Lichthaftigkeit und Vollkommenheit beruht, werden unsere Worte und Gedanken gleichsam von Sphärenklängen begleitet, die unser Energiefeld heller und transparenter werden lassen. So entsteht eine höhere Schwingung in unserem Körper.

Wenn wir die Schwingungsfrequenz der Erde erhöhen, verstärken sich auch die Schatten der Angst und Negativität, die aus dem Gefühl der Trennung erwachsen. Es findet eine Reinigung statt. Einige Menschen erlangen ein höheres, spirituelleres Bewusstsein, während bei anderen Gier, Hass und Furcht zunehmen.

Unsere Aufgabe besteht darin, uns auf die Vollkommenheit zu konzentrieren, damit die Erde als Ganzes zu ihrem eigenen göttlichen Licht aufsteigt. Selbstverständlich ist die Erde bereits vollkommen. Wir müssen nur lernen, das zu sehen: ihre Harmonie, ihre Ganzheitlichkeit, ihre Vollkommenheit.

Wir sind die Hüter der Erde

Wenn Sie die Übungen machen, die ich in diesem Buch beschrieben habe, werden Sie ein harmonisches Leben führen, voller Achtung für die Natur und die Schöpfung. So werden Sie zum Hüter der Erde.

Wenn wir jede Minute unseres Lebens aus diesem

Raum der Harmonie und Achtung heraus leben, werden die Erde und das Leben auf ihr uns dies zurückgeben. Da wir innerlich Harmonie, Licht und wahren Reichtum erfahren, müssen wir uns gar nicht mehr um die Verwirklichung unserer Wünsche bemühen. Wir ziehen auf natürliche Weise an, was wir brauchen.

Bedürfnisse entstehen aus dem festen Glauben an Mangel. Nur wenn wir glauben, dass nicht genug für alle da ist, hungern wir nach mehr. Sobald wir aber erkennen, dass wir in einer Welt leben, in der der Überfluss alles bestimmt, brauchen wir nicht mehr viel, um uns erfüllt zu fühlen. Sobald wir unser schöpferisches Potenzial, unser inneres Leuchten, erschlossen haben, gibt es nichts mehr zu wünschen. Wenn wir unser Ego hinter uns lassen und in die Welt des Geistes eintauchen, findet alles Verlangen ein Ende.

Wenn wir wunschlos glücklich sind, leben wir wahrhaft in der Gegenwart und können jeden Augenblick unseres Lebens genießen. Wir stellen uns guten Mutes den Herausforderungen des Lebens, die wir mit Leichtigkeit lösen. Denn unser innerer Friede, unser Glück sind nicht mehr von der Außenwelt abhängig.

Das Leben nährt uns. Von diesem Ort der Freude aus nähren wir die Erde und behüten sie. Leben und Erde lassen uns wachsen, im Gegenzug schenken wir dem Leben Wachstum. Wir sind die meisterlichen Hüter unseres irdischen Gartens.

Von den Alten lernen

Bei den alten Völkern und in indigenen Kulturen kennt man dieses exzessive Geplapper des Geistes nicht. Diesen Menschen fiel es leicht, in den Raum der Stille einzutauchen, der ihnen ein Gefühl von Frieden gab. In diesem Raum horchten die Menschen auf und empfingen so die Botschaften der Stille: welches Wetter kommen würde, wo sich Nahrung finden ließ, welche Pflanzen welche Krankheiten heilten und wie mit anstehenden Veränderungen umzugehen war. Wenn die Menschen in diesem Raum der Leere arbeiteten, formte sich in der tiefen Stille kreatives Potenzial. Stille und Schweigen bereiten den Raum für alles Neue.

Indigene Völker lebten im Einklang mit der Natur. Sie erwachten bei Sonnenaufgang und stellten nach Sonnenuntergang ihre Aktivitäten ein. Am Übergang von einem Lebensabschnitt zum anderen vollzogen sie Rituale, die ihnen diese Übergänge erleichterten: Geburt, Pubertät, Ehe, Alter und Tod. Wenn jemand starb, nahm man sich die Zeit, ihn zu betrauern. Ob nun die Jahreszeiten wechselten oder die Lebenszeiten – bei jedem Übergang wurde ein Ritual vollzogen, um ihn gebührend zu feiern. Es gab Zeremonien, die den Einklang mit den Kräften und Elementen der Natur herstellen sollten.

Die Lehren dieser Lebensweise zeigen uns Wege,

wie es uns selbst gelingen kann, mit solchen Veränderungen umzugehen. Wir können spirituelle Energie durch Rituale konzentrieren, um dem Klimawandel zu begegnen oder Leiden zu lindern. Auf diese Weise schlagen wir eine Brücke zwischen modernen wissenschaftlichen Erkenntnissen und uraltem schamanischem Wissen. Diese Brücke wird in den nächsten Jahren immer tragfähiger werden.

Ich denke nicht, dass wir irgendwann einmal zu einer Lebensweise zurückkehren werden, wie die indigenen Völker sie pflegen. Aber wir werden deren Wissen über Rituale nutzen, um daraus Heilung für unsere Erde entstehen zu lassen, um als globale Gemeinschaft für einen positiven Wandel einzutreten. Wenn wir Achtung und Dankbarkeit im Alltag pflegen, werden wir den Raum der Stille finden. In ihm wächst unsere Fähigkeit, Botschaften der Weisheit zu empfangen und unsere Energie zum Zweck der Heilung zu konzentrieren. Wir werden größere Anteile unseres Gehirns benutzen, weil wir neue neuronale Pfade gelegt haben, die uns immer mehr Fähigkeiten erschließen.

Vor vielen Jahren hatte ich eine Vision. Darin sah ich die Entwicklung der Welt, wie sie sich vom Prinzip des Kampfes ums Dasein und dem »Überleben des Stärkeren« abwandte, um eine neue Form des Zusammenlebens zu schaffen, die auf Liebe und Zusammenarbeit beruht.

Wir kamen auf diese Welt, um hier die Freude des Lebens zu kosten, um als geistige Wesen das körperliche Dasein kennenzulernen. Wir kamen hierher, um in Harmonie mit allem zu leben, was in der Natur existiert. Das Leben ist kostbar. Halten wir also an unserer Vision fest: der Vision einer Welt voller Harmonie, Liebe, Licht, Frieden, Gleichheit und Überfluss für alle. Gemeinsam können wir uns diese Welt erträumen. Dies ist unser Geburtsrecht.

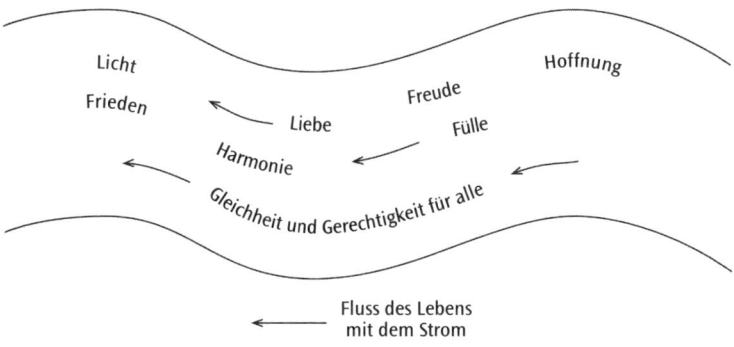

Fluss des Lebens
mit dem Strom

Danksagung

Es gibt viele Menschen, denen ich für die Hilfe, die sie mir bei dieser Arbeit an der Bildung einer globalen Gemeinschaft geschenkt haben und immer noch schenken, danken möchte.

Ich danke:

Barbara Moulton, meiner Agentin, für ihre Freundschaft und Unterstützung.

Caroline Pinkus, meine Lektorin bei Weiser Books – ich bin dankbar, dass ich die Gelegenheit hatte, mit ihr zu arbeiten. Auch dem Verlagsteam, das half, dieses inspirierende Buch zu schaffen, gebührt mein herzlichster Dank.

Jaye Oliver für die Illustrationen zum Fluss des Lebens und für ihre jahrelange Freundschaft.

Elisabeth Liebl, die meine Bücher ins Deutsche übersetzt und damit dazu beiträgt, dass auch die Menschen in Deutschland an meiner Arbeit partizipieren können.

Usha Swamy, meiner Lektorin bei Arkana, die mir dabei hilft, meine Bücher auch in Deutschland zu veröffentlichen. Ich bin zutiefst dankbar für ihre andauernde Unterstützung.

Woods Shoemaker, meinem Ehemann, der das größte Geschenk ist, welches das Universum mir je machte. Gemeinsam leben wir ein Leben voller Freude und Liebe. Ich danke ihm für seine Liebe, Unterstützung und Inspiration. Er sorgt dafür, dass ich den Humor nicht verliere.

Ich liebe meine Eltern, Aaron und Lee Ingerman. Sie haben mich gelehrt, unbeirrbar dem Pfad der Wahrheit und Integrität zu folgen. Sie haben mir die Kraft der Beharrlichkeit vorgeführt und mich stets dazu ermutigt, meine kreativen Gaben zu nutzen. Mögen sie in alle Ewigkeit gesegnet sein. Tiefe Achtung empfinde ich für meinen Bruder, Joseph Ingerman, und seine Familie. Ich danke euch für die Liebe und Unterstützung, die ihr mir zuteilwerden lasst.

Ich danke Bob Edgar, der mir schon 1997 anbot, meine Arbeit im Internet auf www.shamanicvisions. com einer globalen Gemeinschaft zu präsentieren, zu der ich auch heute noch gehöre. Sylvia Edwards ist meine Webmasterin für www.sandraingerman.com, und ich kann ihr gar nicht genug danken für die Zeit und Energie, die sie regelmäßig hineinsteckt.

Eva Ruprechtsberger aus Österreich gebührt mein Dank, weil sie die Übersetzungen der *Transmutation News* so wunderbar koordiniert, dass Menschen in aller Welt sie in ihrer Landessprache lesen und sich unseren Zeremonien für das Leben anschließen können.

Mein ganz besonderer Segen gilt den aktuellen Übersetzern: Lena Anderheim, Schweden; Nello Ceccon, Italien; Ines Fermosa, Spanien; Zora Fresnova, Slowakei; Annie Idrissi, Frankreich; Aurel Mocanu, Rumänien; Claudia Felix Rodriguez, Portugal; Linde Stecker, Deutschland. Linde war die Erste, die ihre übersetzerischen Fähigkeiten für diese Aufgabe zur Verfügung gestellt hat. Ich bin ihr für ihre ungeheure Ausdauer sehr dankbar. Dies gilt auch für Eva Ruprechtsberger, die jetzt für die Übersetzung der *Transmutation News* ins Deutsche sorgt.

Ruth Aber ist eine langjährige Freundin. Sie hilft mir bei meiner Arbeit. Ich danke Karen Furr, die dazu beiträgt, dass andere Menschen meine Website im Internet finden, für ihre Unterstützung, Inspiration und Freundschaft.

Heidi Findeis aus Deutschland, Dave Murray aus Irland und Melissa Reading aus den USA sei gedankt für ihre Beiträge zu diesem Buch und für ihre Freundschaft. Auch Anne Scholder möchte ich für ihre langjährige Freundschaft und Unterstützung danken. Sie widmet sich ihrer Praxis mit Hingabe und Geschick und gab mir viele Hinweise, was die Arbeit mit Kindern angeht.

Kappy Strahan möchte ich für ihre Freundschaft und für ihre Unterweisung im Spinnen danken. Nun geben wir gemeinsam die Fähigkeit weiter, den Faden der Wirklichkeit zu einem lebendigen Gewebe voller Frieden, Harmonie, Freude, Licht und Liebe zu spinnen.

Tag für Tag sage ich dem Geist von Santa Fe Dank, den Ahnen, dem Geist des Landes, auf dem ich lebe, den Helfergeistern, den Elementen und dem verborgenen Volk für das unendliche Geschenk, auf diesem Stück Land leben zu dürfen und es als meine Heimat zu bewahren.

Tag für Tag segne ich meine Schüler und Leser sowie die Mitglieder unserer globalen Gemeinschaft, die zum Besten alles Lebendigen arbeiten. Euch allen sei Dank.

© Jackey Mathey

Die Autorin

Sandra Ingerman ist eine der bekanntesten Vertreterinnen eines modernen Schamanismus. Seit ihrer Ausbildung als Paar- und Familientherapeutin am California Institute of Integral Studies widmet sie sich schamanischen Techniken, die sie weltweit lehrt und praktiziert. Sie gilt als die Vertreterin eines lebendigen Schamanismus, der uralte Traditionen mit modernen psychotherapeutischen Methoden verbindet. Ihre Bücher wurden zu Bestsellern und sind in zahlreichen Sprachen erschienen. Von ihr sind lieferbar:
- *Die schamanische Reise. Ein spiritueller Weg zu sich selbst.*
- *Die Seele schützen. Wie wir uns von negativen Energien befreien.*
- *Auf der Suche nach der verlorenen Seele. Der schamanische Weg zu innerer Ganzheit.*
- *Heimkehr ins Leben. Eine schamanische Einweihungsgeschichte.*
- *Heimkehr der Seele. Schamanische Selbstheilung.*

Kontaktadressen

Weitere Informationen über Sandra Ingerman und ihre Arbeit sowie Artikel, Interviews, und ihre monatliche Kolumne *Transmutation News* finden Sie unter:

www.sandraingerman.com

Eine Liste schamanischer Lehrerinnen und Lehrer in Deutschland, Österreich und der Schweiz finden Sie unter:

www.shamanicteachers.com

Wie Schamanen
sich und die Welt heilen

Geistreisen werden bei den Schamanen genutzt, um verlorene Seelenanteile zurückzuholen und die eigene Bestimmung zu finden. Ein Weg zu Heilung und persönlichem Wachstum.

ISBN 978-3-442-21765-6

Das Leben ist nichts als ein Traum, und die Welt ist, was wir durch unsere Gedanken und Vorstellungen ins Dasein hineinträumen. Schamanen traditioneller Naturvölker wussten dies, und sie entwickelten Techniken, um ihre Realität zu verändern.

ISBN 978-3-442-21857-1

GOLDMANN
ARKANA

Überall, wo es Bücher gibt und   unter www.arkana-verlag.de